U0903188

云南百位历史名人传记丛书

中共云南省委宣传部◎编

云南出版集团
云南人民出版社

图书在版编目（CIP）数据

两江总督——何桂清 / 张佐著. -- 昆明 : 云南人民出版社, 2015.12
（云南百位历史名人传记丛书）
ISBN 978-7-222-13981-7

Ⅰ. ①两… Ⅱ. ①张… Ⅲ. ①何桂清（1816 ~ 1862）－传记 Ⅳ. ①K827=52

中国版本图书馆CIP数据核字(2015)第283657号

出 品 人：李　维
　　　　　刘大伟
责任编辑：张力山
装帧设计：马　滨
责任校对：江丽娜
责任印制：洪中丽

书名　两江总督——何桂清
作者　张佐　著
出版　云南出版集团　云南人民出版社
发行　云南人民出版社
社址　昆明市环城西路609号
邮编　650034
网址　http://ynpress.yunshow.com
E-mail　ynrms@sina.com
开本　889mm×1194mm　1/32
印张　7.75
字数　140千
版次　2015年12月第1版第1次印刷
印刷　昆明卓林包装印刷有限公司
书号　ISBN 978-7-222-13981-7
定价　28.00元

云南百位历史名人传记丛书

编委会名单

总 序

丛书编委会

历史长河浩浩荡荡！中华文明自滥觞至汇聚千流，涵纳万水，奔腾迭起，云蒸霞蔚，延五千年之长史，至今生机勃然，是迄今世界上唯一保持完整且衍传有序、光耀于人类的伟大文明。

习近平总书记指出：一个国家、一个民族的强盛，总是以文化兴盛为支撑的。中华民族是具有非凡创造力的民族，我们创造了伟大的中华文明，实现中华民族伟大复兴的中国梦，必须弘扬中国精神。以爱国主义为核心的民族精神，以改革创新为核心的时代精神，是兴国之魂，强国之魂。

云南，是祖国西南神奇、美丽、富饶的宝地，是中华文明中极具特质和创造潜力的丰美之乡。云南少数民族文化是中华民族文化的重要瑰宝。长期以来，云南大地上，各民族和睦与共，相濡相生，共同创造了色彩瑰丽、形态多元、底蕴厚重、影响深远的历史文化，为我们留下了珍贵的精神遗产。人，是历史的镜子，是历史最生动的环节，人民是历史的主人和创造主体。在人类历史的进程中，一个个不同时期的代表人物产生过一些不同的影响。“云南百位历史名人传记丛书”就是这样一丛历史的记录，一百位历史名人，虽未必尽能概全，各位历史人物的代表性也不尽相同，但都是“追梦人”，是振兴民族伟大理想的传薪人、探索者和实践家。

在这些代表人物中，无论是拓土开疆的将帅勇者，还是蹈海酬志的大国使节；无论是志于传播文明的鸿儒巨擘、先哲贤士，还是为民族独立解放而高歌猛进、慷慨捐躯的群雄英杰，都贯注了这一重要精神。正是以他们为代表的云南各族人民创造并抒写了可歌可泣的英雄史章，熔铸了坚韧不拔、奋为人先、包容博大、敢于担当的精神品质，才使云南在中华文明的长史中闪耀着特有的光辉。尤在近代中国，在辛亥护国风云中，在反对外辱保卫祖国边疆维护民族尊严、抗击日本法西斯侵略中，云南站在历史前台，以中华群雄的不屈身影演出了一幕幕豪迈悲壮的历史大戏，也更涌现了一批足以彪炳史册、光照后人的杰出人物。这一切，给予中国历史进程深远的影响。

今天，实现中华民族伟大复兴之梦，谱写富民强滇中国梦的云南篇章，需要以中华文化发展繁荣为重要条件，这就需要接续这一光荣而伟大的精神传统，在继承中创新，在创新中发展，在发展中超越。云南正处于一个新的历史起点上，需要大力挖掘历史文化资源，聚合更强大的精神动力，为推动我省科学发展、和谐发展、跨越发展凝心聚力。为此，我们组织省内外专家学者编写出版了“云南百位历史名人传记丛书”。这对加强我省各族人民，尤其是青年一代对历史的了解、认同，爱国爱乡爱民并甘于奉献，对提升优秀精神品质，形成团结奋斗的共同的思想基础，坚定推进富民强滇的信心和决心，显然有着重要的现实意义和切实的助力。

一百位历史人物，所处历史时期并不相同，其历史作用也有差异，甚至就个人的全面历史评断方面也难以等量趋同。但我们以为这些留存史迹的人物，所以传扬至今，为后世崇奉，均有他们共同的历史向度和价值取向，我们学习这些历史人物，至少应当着重于以下几个大的方面，即：“守大德、重大义、集大成、有大度、达大观”。

守大德，即恪守道德规范。“德者，本也。”（《礼记·大学》）“大德”既是国家民族的根本利益所在，也是中国文化中最核心的价值理念及标准。古语“行德则兴，背德则崩”，不仅是资政经验，也是个人修习完善的根基。所谓“厚德载物”，直观的理解，就是如果德行浅薄，是不能兴物成事，更不能造就伟大功业的。云南历史文化名人，大多以德立身，大节不移，并对此恪守坚定，一以贯之；始终保持正确信念和理想，并为之奋斗到底。这是我们首先要学习尊崇的。

重大义，即以国家民族利益的需要为个人行为取舍的标准。有大义，才有大爱。这些先贤无不爱云南爱乡土，以兴业乡梓、造福一方为己任。尤在国家民族命运攸关、生死存亡的关头，这些令人崇敬的先辈，大义擎天，逢难不避，敢于担当，责无旁贷，勇往直前，不惧牺牲。一个心存天下大公的人总会在不经意的一瞬决定大义的选择，这是社会进步的希望所在，更何况实现中华复兴的伟大梦想，还有很多异常艰危的事业在等待我们去克难攻坚。所以，举凡大义、为民为国、全身而进的精神是我们应当效法崇尚的。

集大成，“知类通达，强立而不反，谓之大成”。这些历史人物留下的足迹，予人深刻启迪。他们无论是出将入相，还是布衣一袭，均勤学不辍，求索不止，在追求真理和知识的道路上刻苦务实，义无反顾，永无终期，故能成大器，胜大任，不辱使命。今天，世界进入知识信息时代，软硬实力决定一个国家能否赢得发展机遇，乃至自立于强国之列的地位。其紧迫性不亚于先辈梦想中国富强的百年期许。但今天所谓“集大成”，是更高更大更具有生存挑战性和发展战略性的，是集世界之“大成”，集政治经济、科技文化、制度建设、社会发展等一切领域“总成”，玉成中国梦的空前伟大的事业。所以，先人刻苦自律、博学精进的学习精神我们应当秉持继承。

有大度，即要有开放包容的胸怀。云南历史文化名人的一个共通品质，也是一个显著特点就是，即使身处僻远，总能破除狭隘与陋见，以宏大度量，兼容并包，接纳先进，吸收优异，团结一切可以团结的力量，聚合一切可以聚合的资源，总成一股创造历史的宏大动力，来完成伟大的事业。哪怕是割股舍己，也在所不惜。今天，云南要实现跨越式发展，保持开放包容的胸怀尤其重要。所以，先辈“天下云南”的大度我们应当弘扬光大。

达大观，即要眼观天下，达察全局，与时俱进，审时知变，敢为人先。推动云南社会历史进步的代表人物，无不目光远大，胸怀全局，对世界潮流、时代嬗变，都能审视洞悉，并欣然顺应规律，故能在历史转折的关键时刻做出正确选择，成就改天换地的一番伟业。古语有“小智自私”“达人大观”，是将为个人谋私的小智谋与担当天下兴亡的大智慧尖锐对比而言的。否则，“其兴也勃焉，其亡也忽焉”。一个为民为国而应用心智的人，必然有达观天下的心怀，也由此激发潜能、超迈寻常，而使人生境界也更加美好而宏丽。遍观世界文明史，许多影响人类进步的伟大创新，正是以此为动力和起点的。今天，中国经济社会的快速发展，国家的日益强大，正为实现中华民族伟大复兴的中国梦开拓了无限广阔的道路，也为个人实现自身价值创造着更加富实的前景。所以，先辈们达观天下的精神我们应当引为楷模。

我们对志向高远、仰观天下、俯察民情、甘为路石、慨当以慷、求真务实的历史名人，心存景仰，并愿与千千万万的读者，尤其是青年朋友一道学习弘扬。

组织编撰“云南百位历史名人传记丛书”是一项重要的文化工程，编撰出版人员都做出了艰苦的努力，但由于众手修书，书稿层次不一，成书体例难以做到完全一致，对存在的不足敬请读者批评指正，我们将虚心接受，并在修订再版时一并吸纳修改完善。

目录//MULU

·云南百位历史名人传记丛书·

两江总督——何桂清 HE GUIQING

寒门神童

出身寒门的何桂清，童年时代便显露出了与众不同的聪明和机灵。八岁时语惊父母；十岁时巧对昆明知县王燮的对联，被王知县认为是神童。

清嘉庆二十一年（1816年），云南府所属的昆明县、晋宁州、昆阳州、安宁州等州县大旱。这些州县的灾民纷纷涌进昆明城，城内饿殍遍街。平时八钱至一两银子就可以买到一斗米，如今一斗米卖到了六十多两银子。买不起粮食的灾民多食观音土（一种白色泥土），便秘而死。一些买不起粮食的贫民为了免于全家被活活饿死，只好卖儿卖女。昆明著名诗人李于阳，目睹卖儿卖女度旱灾的惨状，写有《卖儿叹》以记其事："三百钱罗一升粟，一升粟饱三日腹。穷民赤手钱何来，携男提女街头鬻。明知卖儿难救饥，忍被鬼伯同时录。得钱聊缓须臾饥，到口饔食即儿肉。小儿不识离别恨，大女解事依新哭。语儿勿哭速速行，儿去得食儿有福。阴风吹面各吞声，拭泪凝血望儿目。卖儿归来夜难寐，老乌哑哑啼破屋。"

就在这卖儿卖女的饥荒之年，昆明城内一个姓何的穷苦人家，却又呱呱坠地了一个男孩。这个新生婴儿的父亲虽然还没穷到卖儿卖女的地步，但家中又增加了一个吃饭的人口，使他愁上加愁。愁眉难展的他真不知如何度过这个饥荒之年，他看着这个天庭饱满的小孩，犹豫、思索了许久，才给这个生不逢时的小孩取名为桂清。

真是天无绝人之路，当何家正在为如何度过这个饥荒之年犯愁之时，与何家居住在同一条小巷的李姓富商，不知是出于同情何家，还是他家的那个痴傻的女孩的确需要一个与她年龄相仿的女孩陪伴。富商竟萌生了想把何家的那个五岁的小女孩招到自己家寄养，以便给孤独无伴的痴傻女儿做伴的念头。

有一天，富商在巷里碰到何桂清的父亲，他随便寒暄了几句就接着说："听说你又新得一贵子，恭喜！恭喜！"何桂清的父亲却垂头丧气地说："在这饥荒之年，添丁加口哪是什么喜事？我还正在为如何养活这个娃娃犯愁呢！"富商道："远亲不如近邻，隔壁邻居总应该互相关照才是！你也知道我有一个痴傻女儿，与贵府那个五岁女儿正好同岁，你愿不愿意将她寄养到我家，让她做我女儿之陪伴？如果你愿意，你家既能减少一张吃饭之嘴，我每个月还给你一钱银子作为酬谢。"这瞌睡遇到枕头的好事，何桂清之父听了可谓惊喜万分，他忙不迭地说："愿意！愿意！当然愿意！我明天就把闺女送到府上，烦请李老爷调教！"

光阴荏苒，一转瞬何桂清便满周岁了。按照昆明的习俗，娃娃满一周岁的那天要"抓周"，以预测孩子将来的爱好和前途。何桂清的父母在祖宗的牌位前烧香、磕头，十分虔诚地祷告了一番，然后把家中的大圆桌揩抹干净，在圆桌的周边放上文房四宝、书籍、剪刀、尺子、算盘、鲜花、水果以及儿童最喜爱玩的拨浪鼓等玩具，接着便把活泼可爱的何桂清抱坐到桌子的中央。小桂清在桌子上爬了几周，便左手抓起了笔，右手抓起了书，爱不释手地在手中把玩。何桂清的父母大喜过望，认为这孩子将来一定是一个有前途的读书人。

何桂清也果真是一块读书的料，这一特长在他三岁时就已经显露出来了。那个时候，比他年长三岁的哥哥已经到私塾里读书了。有一段时间，他的哥哥按私塾先生的规定每晚在家里苦读《三字经》。读了许多晚上，就连偶尔在旁听哥哥读《三字经》的何桂清都能一字不错地背诵了，而他的哥哥仍然记得颠三倒四、挂一漏万，不能连贯成诵。何父惊异何桂清的聪明，便试着教他认字、写字。让何父更惊奇的是：无论什么字，只要教他读一次，他就记得，能读；结构简单的字，只要教他书写一次，他就能仿照着书写；结构复杂的字，只要连续教他书写两次，他便能仿照着书写；结构十分复杂的字，如“爨”字等，连续教他书写三次，他居然也能仿照着歪歪扭扭拼凑而成。由于何桂清太聪明，四岁时何父就把他送进私塾里读书了。读书不到一年，何桂清就已经全面地超过了他的哥哥。

何桂清八岁时，何家发生了一件大事：他家寄养在李富商家陪伴李家傻女的何桂清之姐投井自杀了。自杀的原因是，她陪伴的傻女有一对上好的玉镯丢失了。傻女认为是她偷拿了，她坚决否认。李富商认为何家之女不太可能偷拿玉镯，以后防备着一些就行了，不宜严加追究。若以后再犯，将她辞退就完了。傻女的哥哥却认为这是一件大事，不依不饶，继续背着父亲追问何桂清的姐姐。有一天，两个争执起来，李家的儿子仗着是少爷，打了何桂清的姐姐一记耳光，何桂清的姐姐气愤至极，当晚就在李家投井自尽了。噩耗传到何家，本来就体弱多病的何母当时就气得卧床不起。第二天，李家的傻女跑到了何家，向何家述说何姐没有偷她的镯子，她已经在家中找到镯子了。李家父子更是多次登门赔礼道歉，并表示准备厚葬何女，还赔偿何家五百两银子作为抚恤。

有邻居给何家出主意，千万不要接受李家的赔偿而私了，应该上官府控告李家。何桂清的哥哥赞成这样的主张，竭力催促父亲到官府控告。而何父、何母只会伤心地痛哭，一时还拿不出什么主意。年仅八岁的何桂清见母亲病重急需花钱医治，父亲又伤心得没有主意。沉默了一会后，便用成年人的口吻对父母庄重地说："姐姐之死的确是李家之过失。倘若李家对此事隐瞒事实、推脱责任，我家当然应该理直气壮之到官府控告。但李老爷为人厚道，平时待我姐并不薄，对我家有恩。李家少爷逼死我姐后，他动用家法严惩了儿子，又多次带着儿子到我家赔礼道歉。他当年收养我姐，虽是为了他之傻女着想，但也解了我家之困，实为利己利人之善举。姐姐走了，已不能再生，我家到官府控告李家，对我家实在无益，因为李家逼死姐姐，充其量也只不过有过失之罪，官府判给我家之赔偿估计还不会有五百两之多。更何况打官司旷日持久，不知何日才能了结，而母亲又病重，急需银子治病，治好母亲之病在此时才是头等大事。再说，姐姐之遗体也应该尽早处理，让她入土为安。而我家上官府控告李家，对李家却有较大之损害，至少损害了李家之名声。常言道：

‘冤家宜解不宜结’。孔夫子说：‘以直报怨，以德报德。’孔夫子还说：‘和为贵。’依我看，还是接受李家之善意，私了更好一些。”

束手无策的何父和躺在病床上的何母，十分惊诧地看着何桂清，他们怎么也预料不到一个只有八岁的孩子会有如此周密、切实的思考，能说出如此老成持重、合情合理的话语。便决定按何桂清的意见办，与李家私了。

何家拿到了李家五百两银子的赔偿后，很快就治好了何母的病，还修葺了去年被洪水淹坏的住房。何父还请人上下打点，在县衙门里谋到了一个签稿门丁的美差，何家贫困、无助的窘境大大改善了。

何桂清十岁时，有一天到县衙门里找父亲。昆明县的县衙位于今圆通街的北侧，背枕海拔1935米的螺峰山。据《清一统志》载：螺峰山“山色深如碧，旋如螺髻”，故名。古代的螺峰山，山上林木葱郁，奇峰怪石嶙峋，壁峭似屏。崖下有“潮音”“幽谷”两洞，传闻有蛟龙潜藏在其内，不时给昆明造成水灾，因此有盘龙高僧在洞旁筑台设祭，降伏蛟龙以免除昆明的水患。南诏时，山崖下首创补陀罗寺，崖亦改称补陀罗崖（或称盘坤崖）。元延祐七年（1320年），重修补陀罗寺，并将寺名更名为“圆通寺”，因此，螺峰山也称为圆通山。螺峰山自然景观幽美、人文景观壮丽，“螺峰拥翠”或“螺峰叠翠”为明代昆明六景之一和清代昆明八景之一。明初流寓昆明的日本僧人机先写有《滇阳六景》诗，其中的《螺峰拥翠》，描写了螺峰山的神奇、壮美：“螺峰近在滇城里，下有招提倚翠屏。雨后光含僧眼碧，云中色拥佛头青。层崖鸟度开天险，古洞龙潜藏地灵。自是幽深回俗驾，不须重勒北山铭。”清代昆明八景诗之一的《螺峰叠翠》，也赞美了这座位于昆明城中，景观奇异的螺峰山：“好山负城郭，螺髻拥千重。青霭松崖合，绿云芝径封。鹤来寻大隐，蝶走胜仙踪。凉翠浸衣袂，登高一依筇。”由于昆明县衙门背枕名山，西邻名寺，因此据说县衙是一块风水宝地，历任知县都升迁得特别快。

何桂清进入衙门寻找到了父亲，正与父亲谈着家事，没想到竟被王知县撞见了，何父忙叫儿子参拜父母官。王知县名夔，乃福建侯官（今福州）人，嘉庆二十三年（1818年）举人，闲暇时最爱吟诗作对，他见何桂清的年龄与自己的儿子王有龄差不多，又生得眉清目秀、聪明伶俐，十分喜爱，便想考一考他的文才，于是便以县衙为题，说了一个上联：“县衙枕螺峰，频添福气。”何桂清竟不假思索，应声而对：“孺子参父母，倍感荣光。”王知县见何桂清所对的下联既贴切，又工整，十分惊喜，当场就决定要把他招进衙门里与儿子一块读书。何父自然喜出望外，忙说：“明天一定正式送犬子到衙门请老爷调教！”

何桂清被王知县招进衙门后，就成为王知县之子王有龄的伴读。原先王知县就请有一位举人出身的昆明名士做儿子的塾师，如今把何桂清也交付给了这位塾师请他一同教育。王知县公务之余，有时也亲自教授儿子和何桂清。他不久便发现：比儿子小六岁的何桂清，其悟性远远高于儿子。但何桂清很懂得自己的身份，凡王有龄在场时，他都处处居于王有龄的下风，从不与王有龄抢风头。王有龄对某一个问题一时弄不清楚，他虽然已经明白，却虽懂装不懂，从不使比自己年长的王有龄感到难堪。当王有龄不在场时，面对塾师或王知县的提问，则对答如流，而且常常有自己的心得体会。由于何桂清既聪明，又不随便显露锋芒，不但王知县喜欢他，塾师和王有龄也很喜欢他，王有龄和他甚至成了无话不谈的密友。

有一天，王知县带着儿子和何桂清耍西山。道光初年的西山，三清阁以南陡峭的罗汉壁上已经劈山凿石开凿出了老石室、凤凰岩、云海洞、慈云洞等景观和石窟了。这些景观和石窟除旧石室是明嘉靖年间开凿的外，其余景观和石窟都是清乾隆年间开凿的。这个艰苦的工程是由家住西山脚下的道士吴来清主持开凿的，前后历时十五个春秋〔从乾隆四十六年（1781年）到乾隆六十年（1795年）〕，才大体告一段落。其中的慈云洞石窟宽15.66尺，深10.23尺，高8.4尺。洞内雕刻有道教送子娘娘观音一尊。雕像高2.46尺，头戴束发金箍，身着道袍，右舒半迦坐势，膝前为一幼童。两边金童合十，玉女捧钵。左壁浮雕青龙星君骑龙，右壁浮雕白虎星君骑虎。洞外的月台有石栏，下临滇池，浩浩荡荡，空阔无边。整个工程十分艰巨，没有超凡脱俗的恒心和毅力是无法完成的。被吴道人精神深深感动的昆明解元（第一名举人）那文凤，于嘉庆六年（1801年）仲秋写了《赠吴道人》七律二首镌刻在慈云洞前的石香炉上。其一云："万钻千锤显巨才，悬崖陡处辟仙台。何须佛洞天生就，直赛龙门禹凿开。紫竹荫书心里出，慈云霭雾掌中来。昆池恰似观南海，不负当年梦几回。"其二云："凿石还超练石才，竞追盘古辟天台，烟霞一破乾坤别，日月新分混沌开。世界壶中装得去，山河镜里照将来。休疑此地人间有，只许刘郎到这回。"

王知县指着镌刻在石香炉上的这两首诗对何桂清说："根云！你是如何理解这两首诗的？说来给老夫听听！"何桂清忙说："承蒙老爷错爱，学生就献丑了。请老爷、少爷指正！那解元之第一首诗，诗之首联说：吴道人巨大才能是从万钻千凿之辛劳里显露出来的。他在陡峭悬崖上辟出了仙人驻足之平台；诗之颔联说：佛洞并非自然生成，全靠人工奋力开凿，它之开凿，简直可以和大禹开凿龙门媲美了；诗之颈联和尾联说：洞里紫竹林下之观音，是众生心里活生生之形象，慈云甘露就从她掌中飞出。这里就像普陀山，而五百里滇池恰如浩瀚南海一样。凿成了这个仙台，就不辜负吴道人一回梦游南海之心意了。第二首诗，诗之首联说：吴道人之凿石技艺比神话中之炼石还神奇；诗之颔联和颈联说：滇池烟雾缭绕之氛围中，一个让世人称奇之新天地诞生了；诗之尾联化用唐代诗人刘禹锡游玄都观诗句，意指慈云洞这样之人间仙境，只有像刘郎这样之高人才能欣赏。”

王知县和王有龄齐声道：“剖析得好！”王知县又补充道：“根云！依你看，那文风这两首七律与罗觐恩那首五言古风《朱家洞吴道士凿石开路处》，孰好？”何桂清答道：“依学生陋见，各有春秋。那诗有空灵之美，第一首之颈联‘紫竹荫书心里出，慈云霭露掌中来’使人浮想联翩，宛若见神仙；罗诗有写实之妙，‘始信奇巧初，由来拙诚中’句，道出要完成巧夺天工之工程必须有拙诚之心。而少爷特别喜爱罗觐恩这首诗，常对我说该诗情真意切，盛赞了吴道人十五年如一日，‘匠心凿混沌’之精神。少爷！还是请你说说你之高见吧！”

王有龄见何桂清称赞自己，十分高兴，忙说：“我哪有什么高见？我之见解其实与根云贤弟差不多，罗觐恩这首诗也的确是一首好诗！”他说着，便得意地高声朗诵道：“昆吾切积铁，半壁撑青空。得无真灵居，要令猿鸟穷。匠心凿混沌，石腹穿玲珑。惊从坎窞入，忽与风云通。筇屐带仙气，柱庭凌鬼工。仰瞻星皎皎，俯瞰烟蒙蒙。道士吴猛裔，前身古愚公。境穷人非想，力定天无功。始信奇巧初，由来拙诚中。为尔留此诗，吾身飞雪鸿。”王知县见儿子自从有何桂清为伴读，学问大有长进，已不是从前那个不爱读书，不会读书的懵懂少年了，心中十分喜悦。过了一会，王知县又说：“昆明之名胜，老夫认为西山最佳，而西山又以罗汉崖最险、最奇、最美，最令人难以忘怀。故老夫不久之前捐了一些银子，希望有人接着吴道人之工程开凿下去，使之成为一个名闻遐迩之奇观。”何桂清道：“老爷之远见卓识，急公好义，令学生佩服得五体投地。学生将来若有出息，一定要步老爷之后尘，捐资助成此一壮举和伟业！”

西山归来以后，王知县更认定何桂清是一个神童，将来一定能干出一番大事。从此就在官场逢人便说：“何桂清是一个罕见之神童，望诸公关照！”后来，何桂清是神童的美名便在昆明传开了。

道光十年（1830年）六月的一天，何桂清出门访友，刚走到五华山附近，突然两眼发黑，站立不稳，接着便见沿街的房屋左右摇晃，屋顶上的瓦片纷纷落地，他立刻醒悟过来是地震了。便掉头拼命往家跑，跑进家门忙背起因病躺在床上的母亲往外跑，刚跨出大门，便听到家中的一堵墙轰然倒地。地震过后很久，混乱的昆明又恢复了平静，何佳清才从一片空地上背着母亲回家。进入家门后，又让何桂清一阵后怕，原来倒塌的那堵墙正是母亲卧室的后墙，倒塌的那堵墙已经把母亲的床覆盖了，若地震时他晚来一步，母亲肯定遇难了。这次地震还好不太强烈，城乡倒塌房屋不多，都是类似于何家的这种破旧之房。但过了一段时间，便有令人震惊的坏消息传来：西山的罗汉山山崩了。何桂清对西山特别偏爱，听到了这种坏消息让他寝食难安，便约了几个朋友到西山察看，发现罗汉山崩塌很轻微，就连山上的三清阁建筑群都没有倒塌，才放心了。

常言道：“从小看大，三岁知老。”何桂清幼年到少年显露出来的聪明、机警、老成、孝友、务实、笃情，后来竟贯穿在他的一生。

金榜少年

何桂清十五岁时考中举人；十九岁时考中第二甲第四十九名进士，又入选翰林院庶吉士，在明清两个朝代罕见，可谓金榜少年。

在科举取士的时代，勤奋读书，走科举考试之路，是寒门弟子改变社会地位最稳妥、最见效的途径，少年何桂清走的也是这一条道路。

由于史料不足，我们无法准确知道何桂清是哪一年考中秀才，即“进学”的。我们仅知道到道光十一年（1831年），年仅十五岁的何桂清早就已经是一个有资格考举人的秀才了，并于当年考中了举人。读者诸君切莫以为考上一个秀才轻而易举，大名人曾国藩之父曾麟书，曾十六次考秀才都落第，直到四十三岁时第十七次考秀才，才勉强考中。曾国藩则是应考七次，历时九年到二十二岁时才考中秀才。比何桂清年长两岁多，后来成为太平天国天王的洪秀全，从十六岁时就开始考秀才，前后考了四次，共十五年，到三十一岁时仍是一个没有“进学”的童生。他因此由怨生恨，便放弃了继续考秀才，走上了造反要推翻清朝的道路。洪秀全的智力虽然不能说很高，但能干出一番轰轰烈烈大事的领袖人物，其智力总不会很低吧！洪秀全尚且与秀才无缘，至于芸芸众生，就有许多人一直考到六七十岁也考不上一个秀才，只好以一个童生的名分终其一生了。

是的，对一般人来说，考上一个秀才也的确不容易。“进学”考每三年才举行一次，每一次考试又要分为三级考试，进行严格筛选，逐层淘汰，最后，每个州县只录取二十人，因此竞争十分激烈。第一级考试为“县试”，所谓县试就是由知县主持的考试。试期一般在二月，届时，该县要考秀才的童生便由知县召集起来进行考试。考试之前，考生要填写姓名、籍贯、年龄、三代履历，并取得本县一名廪生的保结。考试分五场进行，各场分别试八股文、试帖诗、经论、律赋等，每场限一日内完卷。其中第一场考试最关键，是所谓的“正场”，这一场考“四书”文二篇；五言六韵试贴诗一首。第二级考试为“府试”，所谓府试，就是由知府或直隶州知州主持的考试。试期一般在四月，届时，知府或知州就对所属各县选拔出来的优秀童生进行考试。第三级考试为“院试”，所谓院试就是由一省主管教育的最高长官学政主持的考试。届时学政便亲临各府，对各府选拔出来的优秀童生分府进行考试。院试是地方科举考试最庄重的大事之一。按制，地方一切大官不得干扰“院试”，同时，出巡主考的学政也不能会见亲朋好友，以免有作弊之嫌。院试的考试内容大体与县试相同，学政按各府、各县的“学额”择优录取，被录取者就称之为生员，俗称秀才（秀才中式者的平均年龄为二十四岁）。然后又根据生员的成绩和各府、各州、各县的学额，将他们划为府、州、县学生，分别称为“廪生”“增生”“附生”等。廪生是正式享受官方津贴的生员；增生、附生是作为廪生的替补学生。据云南地方志记载，云南各府学“额进二十人，廪生四十人，增生四十人”（《新纂云南通志·学制考》），即每届取录的生员是20人，而作为定额廪生为40人，再配给增生40人，总共为80人左右。廪生的资格也不是一劳永逸的，也就是说在以后严格的“岁考”中，廪生如果成绩太差，甚至“废黜为民”。而“增生”“附生”如果成绩优秀，也可以增补为“廪生”。

考秀才不容易，秀才考举人就更难了。首先要有考举人的资格，其次要有考举人的学问。

我们首先说一说考举人的资格。在明清两个朝代，并非全部生员（秀才）都有资格参加乡试考举人。在清代，能参加乡试的生员必须在岁考和科考中取得较好的成绩。岁考在新学政（每任学政的任期为三年）到任的第一年举行，由学政亲临该省所属各府、州、县主持考试，其考试成绩分为六个等级。“文理平通”者列为一等，“文理亦通”者列为二等，“文理略通”者列为三等，“文理有疵”者列为四等，“文理荒谬”者列为五等，“文理不通”者列为六等。考列一等者，原属增、附生者可补入廪生，并奖赏绢纱、纸笔等。考列四等以下的廪生则处以“停饩”，即取消食宿资助，还不许参加科考。如考列六等者，原属资深廪生，则“发本处充吏”。其余一律“废黜为民”，取消生员资格。科考在新学政到任的第二年，即乡试的前一年举行，主持者仍是学政，岁考成绩列为一、二、三等者，才有资格参加科考。科考的成绩分为三个等级，考得一等、二等和三等的前五名的生员，才有资格参加乡试考举人。

考举人与考秀才不同。秀才的录取名额多，一县就有二十人，录取率很高；举人的录取名额少，道光年间云南文举人的录取名额只有五十四人，录取率只有百分之二左右。再加上中举后就可以成为国家的低级官员，因此，考举人的竞争，比考秀才更激烈，全国考中文举人的平均年龄为三十一岁。小说《儒林外史》里的范进，考了几十年秀才，直到五十四岁时才考中秀才。考举人时，因主考官周进是一个与范进有着相同遭遇的人，出于同病相怜才特别照顾录取了范进。这场突然降临的喜事，竟使范进高兴得发了疯。范进虽然是吴敬梓笔下的文学形象，但却是以许多生活中的真人真事为依据的，是典型环境里的典型人物。如雍正年间云南石屏人赛玙，考中举人时已经有五十九岁了，他考到九十二岁时仍未考中进士。乾隆皇帝认为他的精神可嘉，在他考进士落第后，加恩钦赐进士。再如云南琅盐井人袁旻，考了无数次举人，直到八十四岁高龄时仍然考举人落第，乾隆皇帝也认为他的精神可嘉，特钦赐举人。又如广东人谢启祚，考了无数次举人，直到乾隆五十一年（1786年）九十八岁时，才时来运转考中举人。

道光十一年（1831年）辛卯恩科云南乡试，年仅十五岁的何桂清在不久之前的岁考、科考中过关斩将，取得了考举人的资格参加该科乡试。乡试的主考官由朝廷委派，一般挑选翰林院编检官或高于编检的翰林院侍读、侍讲等充当，人数为两人，一人为正主考，一人为副主考。此外，还有八位“同考官”共同协助主考官。八月八日是乡试第一场的入场日。清晨，满怀信心的何桂清就和应试的约三千名生员聚集在云南贡院的“腾蛟”“起凤”牌坊前观看点名牌，以了解入场的时间。生员的入场时间分为上午和下午两批，昆明本地人，一般于上午就要入场。因此，上午何桂清就与昆明的生员列队在牌坊前，静听点名和接受搜身。在“腾蛟”牌坊处搜过身并领到签者，从头龙门的左门进入；在“起凤”牌坊处搜过身并领到签者，从头龙门的右门进入。步行到二龙门前再次被搜身后，仍分左、右领卷。二龙门前的正中坐有监临，左右坐有监试道和提调道。监临又按册点名，由左阶而上者，仍由左门而入；由右阶而上者，仍由右门而入，秩序井然。何桂清与每个考生一样，背着一个沉重的大考箱，胸前挂着一条卷袋，领到卷宗后便装入袋中。进入二龙门后，就有号夫为考生免费背考箱并把考生送进各自的号舍内。

何桂清进入自己的号舍后，便将要在这里考三场，吃、住、考约八天的狭小号舍仔细地看了一下。号舍“每号以八尺为度，舍得五尺，衢路三尺，高其檐，宽其壁”。号内有两块号板，每块号板长三尺多，宽一尺六七。这两块号板既是考试用的桌子，又是晚上睡觉的床，还是吃饭用的桌子，而号舍内放置了这两块号板后，几乎没有了剩余空间。何桂清把考试用品和生活用品摆放停当以后，便静坐在号舍内把平时背得滚瓜烂熟的《论语》《孟子》等儒学经典又默诵了数遍。

黄昏来临以前，贡院的头，二龙门的所有大门都被关闭并贴上了封条，这称为“封门”。封门后，整个贡院便与外界完全隔离了，即使有任何公文，信件都不能递入、递出。子夜过后不久，题纸便发下来了，题纸是用一张大纸印出，字比拇指还大。第一场的考题有必做的“四书”题三，选做的“五经”题四，还有“五言八韵”试贴诗一首。这类考题如何对付才符合规范，何桂清早已成竹在胸，因此接卷后便挥笔疾书，不像有的考生，面对考题搔首挠腮不知所措。

八月九日午前，提调道便率同一班巡绰官到各个号舍清查考生的卷面号数与座位号数是否相符。午后，巡绰官便来向各考生索卷盖戳，盖戳时，试卷上必须有十数行字，至少也要写有三五行字。有不盖戳的试卷，交卷时受卷官即认为是犯规。违犯这一规定的考生，即使还能参加以后两场的考试，也无考中的希望。八月十日中午以后，便鸣炮开门，已考完的考生便可以将试卷交给受卷官而出场。多数考生则要考到傍晚才会离场。到天黑时，龙门外又鸣炮三响，将号舍内还没有交卷的所有考生全部赶走，称为“扫场”。

何桂清是中午以后刚一鸣炮开门就离开考场的考生之一，他刚走到贡院大门口时，就被从后边追来的倪应谦叫住了。倪应谦也是昆明人，是何桂清的好友。倪应谦之父倪玢，是嘉庆十四年（1809年）己巳恩科进士，在浙江任知县，著有《小清閟阁诗钞》等；他的伯父倪琇，是嘉庆六年（1801年）辛酉科进士、翰林院编修，官至福建兴泉永道，著有《使车吟余草》等。倪应谦虽出身官宦人家，但为人谦恭有礼，与何桂清十分要好。何桂清与倪应谦交谈了一会第一场的考试情况，两人都感觉考得不错，便兴高采烈的各自回家了。生员参加乡试，官府提供很好的伙食，其中的火腿容易携带，何桂清舍不得吃，全部留下回家去孝敬父母。

第一场考试的试卷先由受卷官展阅，查看各试卷有无大犯规处，如有墨污或卷上画有奇怪物事者，则剔出送交监临。监临翻看这些违规卷后，就抄录出这些违规卷的姓名，然后书写成榜张贴在贡院照壁墙后，并在点名册上将这些人的姓名注销。这些违规生员就不能再参加后两场的考试。试卷中不犯规或不犯大规的考卷就由受卷官汇集至百而转交弥封所，弥封所将每份考卷的姓名及简明履历加以弥封，然后送交誊录所。誊录所将每份考卷用银朱色的墨水缮写，称之为朱卷。原卷称之为墨卷。墨卷和朱卷交到对读所后，由对读官（对读官由举人、进士出身的州县官充任）对读。对读时，研藤黄点句，若无错误，就将朱墨两卷送交外收掌处。外收掌官居监临院内，专管墨卷，卷以木柜存储，编有红号。朱卷则送交内帘，内帘有内收掌官，收到朱卷后，便分送房考官。房考官判定的佳卷就推荐给主考，此名为出房。两主考于一切荐卷有共同裁夺权，然都归重在第一场的三篇八股文上。房考官推荐给主考官的佳卷为举人录取名额的五倍以上，有时主考官对这些推荐卷不太满意，还会将各房的落卷一一搜罗考阅。

八月十一日为第二场考试的进场日。监临及提调、监试等官员仍于清晨六时坐二龙门前按册点名，一切规矩与第一场考试相同。士子入场后，封龙门仍是在午后六时。但第二场的题纸下得较早，在夜间十时前后题纸就发下来了。第二场考试是五篇八股文，分别为《诗经》题、《书经》题、《易经》题、《礼记》题、《春秋》题。这五篇八股文，每篇的文字必须在三百字以上，不足三百字的试卷就是犯规。第二场考试犯规者，虽头场考试有佳作亦不能最后取中。

"四书""五经"何桂清已经烂熟于胸，写八股文更是何桂清的拿手好戏，这五篇文章每篇都可以一气呵成。但何桂清想起好友倪应谦在考试前对他的一再叮嘱："科场充满变数，自古以来都无稳操胜券者，千万不要掉以轻心！"倪应谦是很诚恳的君子，他又出身于科举世家，此言一定不假！更何况自己第一场考试已经考得比较满意了，中式已经大有希望，不像那些第一场没考好者，破罐破摔，随便应付一下后两场。何桂清便全神贯注地认真审题、精心立意、仔细修改，直到十三日的午后鸣炮开门时，才刚刚把五篇文章写好。为万无一失，何桂清仍静坐在号舍里把五篇文章仔仔细细地阅读了几遍，直到没发现什么差错才交卷离场。

八月十四日天亮后是第三场考试的进场日，一切规矩与一、二两场相同。第三场考试的题纸下得更早，夜里九时前后题纸就张贴在号舍前了。这场考的是策问三道（一说五道），所问的话题一般都是一些虚而不实，空而复泛的设辞，因此对答比较容易。何桂清也不敢敷衍了事，仍尽量把所问回答得圆满、周全。

八月十五日是中秋佳节，官府给每个考生发有月饼。天黑之前，何桂清已将三道策问全部完成，阅读数遍没发现有什么错误后，便静坐在号舍里等候月出了。

这年的中秋是难得的一个大晴天，天黑后一个多时辰，一轮皎洁的明月便升到了贡院的上空，月光洒在一排排的号舍前。何桂清坐在号舍的门口仰望着明月，突然想起《石头记》里的贾雨村来。贾雨村也是一个和自己一样的穷书生，曾穷愁潦倒地寄居在葫芦庙里。一个中秋节的晚上，家住葫芦庙旁的乡宦甄士隐邀他到家中赏月。几天前他到甄家，甄家的一个俊俏丫鬟因好奇多看了他几眼，他便有些想入非非了。如今又在甄府里观赏着明月，便心潮起伏口占了一律一联一绝。其律云："未卜三生愿，频添一段愁。闷来时敛额，行去几回头。自顾风前影，谁堪月下俦。蟾光如有意，先上玉人楼。"其联云："玉在椟中求善价，钗于奁内待时飞。"其绝云："时逢三五便团圆，满把晴光护玉栏。天上一轮才捧出，人间万姓仰头看。"这一律一联一绝，表达了贾雨村穷困时的惆怅以及不甘于人下，渴望出人头地的志向。何桂清平时很是欣赏贾雨村的才华，但却鄙薄贾雨村得志后忘恩负义、贪赃枉法的为人。如今面对着明月，何桂清在心中暗暗发誓：自己将来倘若也发迹了，要像明月一样清纯，永远做一个知恩必报、廉洁公正的清官。

第三场考试于八月十六日午前九时就鸣炮开门，午后三时则鸣炮扫场，将交卷最晚的考生请走。何桂清与大多数考生一样，刚一鸣炮开门便交卷领签，背着考箱离开了贡院。回到家后，何桂清向父母汇报了第三场的考试情况，并将舍不得吃的月饼交给母亲。何父、何母听到儿子考得很好，都十分高兴。

第三场考试结束后，两位主考官便忙着阅读房考官、同考官推荐出来的佳卷，然后挑选出取中的佳卷，并共同评定出名次。传说，道光十一年（1831年）辛卯恩科云南乡试的正副主考，曾共同判定出一份特佳之卷，拟定为本科的第一名即解元，但拆封后发现这个名叫何桂清的人年仅十五岁，是本科五十四名中式者中年龄最小的。正主考认为如此年轻的人便高中第一名，易生骄气，对他将来的前程不利，不宜定为解元。两位主考商议了许久之后，便将何桂清抑置为第十一名。

八月二十五日前后为云南乡试的放榜之日。这一天，参加乡试的生员以及数万看热闹的人，都涌到巡抚衙门前看榜。榜分正副两榜，正榜上有名者称为举人，以后就有资格上京城参加会试，副榜上有名者称为副贡，无资格参加会试，两榜都张贴在巡抚衙门的大照壁上。辛卯恩科正榜取五十四人，副榜取十人。何桂清被看榜的人挤来挤去，好不容易才挤到了榜前，他迅速地扫视了一遍正榜，见自己的姓名列于第十一名。悬着的心落下以后，又仔细看了一遍正榜，解元是昭通籍的李钟泰，亚元是石屏籍的许昌龄，第三名是河西籍的郭锡恩，第四名是通海籍的钟庆云，第五名是自己的好友倪应谦。第三名至第五名都称为经魁，也是被人十分羡慕的中式者。何桂清为好友高中经魁感到十分高兴。榜前人潮涌动、情态万千、人声鼎沸、议论纷纷，有人高兴得狂叫，有人伤心得痛哭，有人惋惜某人没有考中，有人感叹没想到今科的解元是昭通人！昭通出了一位解元，何桂清也感到有些意外。云南历科解元以昆明、大理、建水、石屏籍最多。国朝至今在云南开了六十九科乡试，李钟泰是第一位昭通籍的解元。何桂清对他顿生敬意，决定有机会一定要拜访他，与他切磋切磋学问。

放榜不久，巡抚衙门照例安排了隆重的“鹿鸣宴”，出席该宴的有各位考官，云贵总督、云南巡抚、云南提学使等官员，还有该科的新科举人。宴会后，何桂清拜访了李钟泰。这位解元果然学问渊博、满腹经纶。更可喜可贺的是，李钟泰之弟李因泰，与其兄为同榜举人。

何桂清中举后，便与昆明籍的几位同年（科举时代，同榜中式者称为同年）倪应谦、谷清、杜桂、余次勋等商议着结伴上京应明年春壬辰恩科会试。余次勋与倪应谦一样虽然都出生于科举世家，但对人都十分谦恭有礼。余次勋的祖父余应祥，清雍正十一年（1733年）癸丑科第三甲第一百八十五名进士。任定南县县令时，有惠政，因劳累过度，死于任上，民祠祀之。余次勋的父亲余萃文，清乾隆二十七年（1762年）壬午科举人，官至开化府教授，著有《及门训语》《录竹堂诗文稿》等。余次勋的堂兄余辅勋，清嘉庆九年（1804）年甲子科举人。

道光十一年（1831年）农历十一月（冬月）二十六日，何桂清与同科中举的四位同乡倪应谦、余次勋、谷清、杜桂结伴由昆明出发前往京城会试。几天之前他们已经做好了一切出行的准备并在按察司领到了火牌（会试的路条，凭火牌可在各驿站要伕马），到布政司领到了官府给的一点路费。当天巳时，他们五人便骑马出南门（丽正门）再往东拐，经定官寺、十里铺、两面寺、放马桥、高坡行程共四十里至板桥驿（昆明东郊大板桥）。板桥驿是出省城东行的第一个驿站，四周建有土城，城内客栈、店铺林立，十分热闹，还驻有一位八品县丞在这里专管驿站的各种事务。到客栈放下行李后，他们见离天黑尚有一个多时辰，便决定到龙泉寺一游。

板桥驿的龙泉寺是一座位于通京大道旁，始建于元代的古寺。寺内有古梅数株，潭水一泓，环境十分清幽，凡过往板桥驿的文人都爱入寺小憩，特别是蜡梅盛开的时节，必定要逗留板桥，入寺赏梅了，这雅兴称为“龙泉探梅”。乾隆年间拔贡、赵州人龚锡瑞，有一次由京城返滇，途经板桥驿时才是中午，本可一气赶到省城，但为入寺赏梅，竟不惜在板桥驿住宿一晚。有七言绝句《宿板桥》为证：“旅思新宽万里遥，千山送霁雪初消。兰城咫尺非难到，且为梅花宿板桥。”

板桥驿的龙泉寺与黑龙潭的龙泉观相比，自然有些逊色，但由于远离喧嚣的省城，显得特别清幽。进入寺内但见：几株蜡梅已经绽放，清香扑鼻；数眼山泉积水成潭，清澈见底。何桂清对倪应谦道：“倪兄！一见梅花和潭水我便想起令伯之七律《和伯制军龙泉观看梅花韵》来。伯制军在滇政绩卓著且待士如子，肄业五华书院者半致门下；令伯则急公好义、乐善好施，他这首诗借景抒怀，托物言志，表达了怀瑾握瑜之高洁情怀。”何桂清说着说着便高声吟道：“寻芳徐步翠微巅，和靖诗章叠几篇。澹古每邀名士赏，清癯不受俗人怜。雪霜饱历成今古，松柏相依有几年。酷爱暗香疏影句，半潭水月一林烟。”倪应谦道：“根云贤弟果然是博览群书，伯父平生写诗不多，难得你竟知晓。那一年伯父因事回乡，礼贤下士，诲人不倦之伯麟总督，竟邀我这位在翰林院任七品编修之伯父同游黑龙潭。伯麟总督文韬武略皆备，诗文书画俱佳，真不愧是一位好总督。他那首七律《黑龙潭看梅花，即以题壁》，借梅花之傲骨霜姿，抒发了他渴望洁身归隐之思想。”倪应谦说着说着也高声吟道：“谁识癯仙面目真，开元天宝认前因。浮云历尽千年变，老树犹先万卉春。根近灵湫沾溉久，香飘阊苑岁华新。青峰碧玉环相映，不必离尘已绝尘。”

十一月二十七日，何桂清等由板桥驿起身，共行五十里，至嵩明州杨林宿。

十一月二十八日，何桂清等人清晨便起床，到兰茂墓拜谒后，启程，行七十里，宿于寻甸的易隆驿。

十一月二十九日，由易隆启程。这一天的行程较长，要到曲靖府的马龙州才能投宿。虽然是骑着马，但人也很劳累，在马背上颠簸的时间长了，人竟有些昏昏欲睡。余次勋对走在身边的何桂清说："我想起康熙五十二年（1713年）癸巳恩科翰林、石屏人张汉曾写过一首长诗《公车篇》，该诗道尽了云南举子进京会试之苦与乐，但我记不清原诗了。根云贤弟过目不忘，读来让大家解解乏！"何桂清道："余兄过奖了，张翰林洋洋三百多字之长诗，我哪能过目不忘。几年前我读过几遍，或许还能记得，现读给各位兄长解乏，敬请指正！"说毕，何桂清便清了清嗓子，朗声而诵："槐花黄，举子忙，膏车秣马促行装。龙桥、祖遍走相送，扶摇万里出吾乡！悠悠滇海月，历历板桥霜。离情已付樽中酒，笑指桃花驿路长。人世拘拘辕下侣，甘为斥鷃嗤鹏举。偶然学步过邯郸，相逢便说公车苦。公车苦，劳行鞯，骜然自逞难羁绁。欸段鞭捶跛不前，安得天马向空行，朝饮昆池夕幽燕。公车苦，路十千，裹粮三月几迁延。行自天南过地北，几欲缩地恨无仙！公车苦，行路难，黔岭崔嵬四十盘。亦有风波险，扁舟下急滩！公车苦，雪满天。髯髭冰柱立，车行水复艰。淫淫天漏何时止，风伯雨师窃天权。人道公车苦若何，我道公车乐事多。苦中试问乐何事？苦乐相倚乐较过。莫云泥锦幛，我有诗思横马上。叱驭惊看蹀躞奇，缓行且作推敲状。莫云冷不支，冰天雪窖发清思！典衣喜为浇寒饮，笑取当罅酒一扈。人生蓬矢期不负，性情反被江山助。未读万卷书，先行万里路！振衣千仞几登临，击楫中流争一渡。怀古无复古人存，千古精神恍目过。行行策马黄金台，帝里风光花柳处。春花压帽柳凝杉，芍药当阶新得句。等闲见得锦衣回，笑语青山山如故。君不见司马相如《凌云赋》，驷马高车曾题柱。”

何桂清的诵读刚一落音，众人齐声喝彩。谷清道：“根云贤弟如此博览群书过目成诵，壬辰恩科会试一定能金榜题名了！”何桂清道：“谢谷兄之吉言！但我记得倪兄对我有忠告：‘科场充满变数，自古以来都无稳操胜券者，千万不要掉以轻心！’我们还是共勉吧！遥想前明永昌才子张含，诗名蜚声海内，竟七次会试不中，终身都与进士无缘。”谷清道：“没想到根云贤弟年纪最轻，却如此老成，是愚兄说话唐突了。”

这一天，直到天黑才到达马龙州城住宿，行程共八十五里。

腊月初一日，由马龙起身，冒着凛冽的北风前行。天气是越来越冷了，身体冷得在马背上僵硬难动，就连马缰也捏不住，这是在昆明从来没有碰到过的。真是“在家千日好，出门时时难”。这一天行程共七十二里，住宿在沾益州城内，驿站名“交水”。

腊月初二日，由沾益起身，冒小雪前行。行程共四十五里，投宿于白水驿（今沾益县白水）。何桂清这次入京会试，出发之前倪应谦、余次勋二位就主动提出承担何桂清在沿途的食宿费用。何桂清多次谢绝，他们二位都不依，因此何桂清心里很是过意不去。何桂清见今天天太冷，沿途又冻又饿，便加了一点钱给店主，吩咐他多做几个菜，让大家好好地吃一顿。

席间，何桂清道：“今天沿途之情景使我联想起倪伯父（指倪应谦之父倪玠）写白水驿之五言诗：‘朝发交水城，暮宿白水驿。前途近黔关，滇海重重隔。劳者苦未休，心只为形役。行行四十里，看尽寒山碧。’”杜桂道：“不是根云贤弟提起，我们都差点把倪伯父这首诗忘了。这首诗写得清新隽永，很有诗意，与我们今天所见所闻所感完全一致。当然，除根云贤弟之外，倪兄肯定是不会忘记这首诗的，只不过倪兄不肯张扬罢了。”于是，大家便议论起倪玠的诗集《小清闷阁诗钞》来了。何桂清道：“倪伯父之诗，句法秀练、律调瑰丽，学唐人白居易颇得章法。”余次勋道：“根云弟分析得极是，我最爱倪伯父之‘春日大堤吟绿柳，秋风老圃醉黄花’句。仅从这一佳句就能窥到《小清閟阁诗钞》之风韵”。杜桂道：“余兄之论可谓一语中的，倪伯父之七言律诗《九月同谢石臞登五云楼》也写得极佳：‘凭栏顿觉展吟眸，历历江山入望收。天汉遥趋三峡水，夕阳高挂五云楼。却怜风雨洋川路，不似芙蓉翠海秋。远忆乡关成久别，那堪佳节客中游。’”倪应谦道：“各位谬奖了，我替家父谢谢各位！”

这一晚，五人都喝得有七八分醉才入睡。

腊月初三日，由白水驿启程，快到平彝城时，顺路游清溪洞。共行七十里至平彝县（今富源县）宿。

腊月初四日，由平彝起身，行十五里至“胜境关”。胜境关是平彝县与贵州省交界的一个关隘，东出胜境关，就进入了贵州省。胜境关的古迹众多，有“滇南胜境”牌坊、石虬亭、关帝庙等。胜境关还有令人赞叹不已的“两奇”。

“滇南胜境”牌坊始建于明景泰年间，是云南、贵州两省的界坊。牌坊为三开间木石结构牌楼。牌楼的正楼较高，两侧楼稍低，由十二根楹柱支撑，上有九级牌楼斗拱托起飞檐。界坊红柱高耸、檐角飞翘，琉璃瓦的坊顶上有八条造型十分别致的吻龙。栩栩如生的吻龙与坊顶正中的金黄葫芦交相辉映，十分壮美。牌楼正中的额坊上面书写着“滇南胜境”四个大字。胜境关也就因此而得名。清乾隆年间昆明举人傅应台上京会试，途经胜境关写有七律赞胜境关：“一坊高峙拱平彝，界画滇黔古额垂。两地山河雄表里，百蛮风雨会边陲。西来渐觉乡关貌，东去无忧道路歧。为语同人须小驻，开樽犹是故园时。”

石虬亭又名万里亭，位于“滇南胜境”牌坊的东面，始建于明万历二年（1574年），因亭前有两条露出地面的石灰岩，状如两条虬龙盘卧，故名石虬亭。来往于滇黔之间的行人都爱到亭内小憩。亭内有一块立于清康熙年间的“遗爱碑”（该石碑后毁，清光绪年间重立，改称

"鬻琴碑"）。该石碑是为了纪念清官孙士寅而立的。孙士寅，浙江钱塘人，清康熙四十五年至五十一年（1706年~1712年）在平彝任知县。他任职期间为百姓办了很多好事，由于为官清廉，离任时连路费都凑不够，只好将祖传的古琴变卖，两袖清风地离开平彝。百姓闻讯后，聚集了几万人，步行十五里，依依不舍的将其送到胜境关，并在石虬亭内为他立了一块"遗爱碑"以表感念的深情。

胜境关有两奇。第一奇是以"天"为界的界坊（"滇南胜境"牌坊），界坊坐西向东，西边是云南，东边是贵州。靠云南的这一边晴天多，雨天少，气候干燥、多风；接贵州的那一边雨天多，晴天少，气候湿润、多雾。明代被贬谪到云南的四川新都籍状元杨慎在《滇程记》中写道："日月之阴，经寸而移，雨场之地，隔垄而分。""西望则山平天豁，还观则箐雾瘴云，此天限二方也。"数百年来，过往胜境关的文人墨客都有与杨慎同样的感受。如吴自肃在《滇境》诗里曾这样描述胜境关："才入滇南境，双眸分外明。诸峦环秀色，芳树带文情。"更使人惊奇的是"雨师好黔，风伯好滇"的气候特征，在同一座界坊上也显得这样分明：界坊前后的各两对石狮子，面对着贵州的那一对，身覆郁郁青苔；面向云南的这一对，则身披薄薄尘土，牌坊东西两面的楹柱和横坊也是这样，面对贵州的那面，湿润色艳；面向云南的这边，干燥色淡。这一奇特的景观，曾引来许多人咏叹。从前，界坊的楹柱上还悬挂着这样一副楹联："咫尺辨阴晴，足见人情真冷暖；滇黔原唇齿，何须省界太分明。"胜境关的第二奇，是以"地"为界的"分草岭"。距牌坊不远，有一条小溪，小溪的两边土色各异，靠云南的这边土色多赤褐，靠贵州的那边土色黑赭。更使人百思不得其解的是，就连生长在地上的小草，也各有依靠，各有袒护，分别向各自的境内倒卧。惊奇这一怪现象的古人便把此地称为"分草岭"。过往此地的诗人任中宜有诗叹曰："彩云深处划滇疆，岭上茅分古夜郎。北望帝京程万里，南瞻金马路遐荒。蛮烟瘴雨迷寒暑，火种刀耕足稻粱。壮矣河山峰遂息，来游一任醉义皇。"

何桂清等人观看着胜境关的"两奇"，惊叹不已。驻足许久才进入了石虬亭小憩，凝视着"遗爱碑"，又不免心潮起伏。他们在亭内静坐了很久，才依依不舍地离开石虬亭，离开生他们、养他们的云南，往东朝贵州策马而行。又行走了四十五里，全程共六十里，至贵州亦资孔住宿。

腊月初五日，从亦资孔起程，不久就纷纷扬扬地降下了一场鹅毛大雪，道路很滑，许多路段不能骑马，只能牵着马慢慢行走。到天黑以后才来到了刘官屯住宿，这天共行走了七十三里。

腊月初六日，从刘官屯启程，冒着风雪前行。下南京坡时，坡陡路滑，只能牵着马慢慢行。南京坡下有一座桥，名曰"庚戌桥"。云贵总督鄂尔泰写有庚戌桥碑文，总行程六十里，至上寨宿。

腊月初七日，从上寨起身，这天仍下雪，但已经渐渐变小了，总行程四十七里，至白沙地宿。

腊月初八日，从白沙地启程，雪已停，但天仍阴沉沉的，北风凛冽。沿途的一些村落村民戴着面具又唱又跳，这是腊八节的驱疫风俗。何桂清心想，若在家里，母亲一定要熬“腊八粥”给他喝了，心中便越来越思念父母。路途上的白沙关、老鹰岩都十分陡峭，只好下马行走，这天总行程五十里，至阿都驿宿。

腊月初九日，从阿都驿起身，行五十里至郎岱城内宿，驿站为清军府。

腊月初十日，从郎岱启程，行五十五里至坡贡驿宿。

腊月十一日，从坡贡驿启程，途经白水河时，何桂清等人被一道宽约十丈，飞流而下的巨大瀑布（此瀑布今名黄果树瀑布，在贵州镇宁西南约三十里的白水河上）惊呆了。他们驻足观看许久，才继续赶路。共行六十三里，到镇宁安庄驿住宿。

腊月十二日，从镇宁安庄驿启程，共行六十里，至安顺府宿于城内，安顺府的首县为普定。

腊月十三日，从安顺府普定启程，行四十二里至腰站大水桥宿。

腊月十四日，由大水桥启程，冒着雨雪赶路。由于一路受寒和疲劳，何桂清不停地流清鼻涕和咳嗽。行四十里至安平县平坝驿宿。

腊月十五日，由平坝驿冒雪前行，行五十里宿于清镇县，何桂清的风寒症越来越重。

腊月十六日，何桂清抱病坚持与同伴从清镇县启程，行五十九里至贵州省城，首府贵阳，首县贵筑，驿名皇华。何桂清浑身滚烫高烧不退，倪应谦、余次勋二人忙上街请郎中给何桂清看病，当晚便在店中熬药给何桂清服用。

腊月十七日、十八日，因何桂清生病，没有继续赶路，倪应谦、余次勋二人在店中照看着何桂清。谷清、杜桂外出游黔灵山、甲秀楼等名胜。二人合买了一件御寒的皮袍送给何桂清，何桂清对四位仁兄的情义十分感动。

腊月十九日，何桂清的病情已好转，穿上了谷清、杜桂二人赠送的皮袍，从贵筑启程，继续赶路。行三十五里，至谷脚塘宿。

腊月二十日，由谷脚塘启程，行二十八里到龙里县站。天色尚早，何桂清的病基本好了，于是又行十八里至陇耸宿。这天共行四十六里路。

腊月二十一日，从陇耸启程冒雪前行，路上见有一人僵卧在路边。五人忙下马探视能否救助，见此人已死多日，才上马继续赶路，行四十里至贵定县宿。

腊月二十二日，从贵定启程冒雪前行，行四十里至黄丝，天尚早，又行五十里到杨老驿宿（杨老驿也称阳老驿）。

腊月二十三日，从杨老驿启程仍冒雪前行，行五十二里至大风洞宿。何桂清想起今天是小三十，若在家里便要祭灶君过小年。离家快一个月了，一路上全仗四位仁兄关照，便加了一点钱给店主，吩咐他多做几个菜并烫上一壶好酒。

三杯热酒下肚，一日的鞍马劳顿便缓解了许多，何桂清等人的话也就多起来了。余次勋说："人道贵州'天无三日晴，地无三里平，人无三分钱'，如今身历其境，果真如此！此穷乡僻壤民风刁悍，不如吾云南纯朴。"何桂清道："余兄说得极是，但依小弟静观，贵州民风虽刁悍，黔人却较勤劳，不似吾滇人懒散。云南不像贵州这样寒苦，温暖之气候、较丰饶之物产，却使吾滇人养成因循、懒散之习气，且愈演愈烈。前明有二百七十六年之国祚，开云南乡试七十八科，入仕之滇人却有六十多人官居从三品以上，且政绩卓著，其中之杨文襄（杨一清）竟'出将入相'位居内阁首辅。本朝开国一百八十多年，已开云南乡试六十九科，入仕之滇人可谓不少，但晋升到从三品以上之高官者，竟不及前明之三分之一。这就是因循、懒散之习气愈演愈烈之结果。吾滇人谨慎有余，魄力不足，则懦弱；笃实有余，机灵不足，则迂腐。懦弱、迂腐之积习不除，则很难有所作为。小弟愿与四位兄长共勉之，除此积习为桑梓争光！"

余次勋等四人激动地附和道："何贤弟分析得太好了。吾滇人重去乡，昆明尤甚。不愿离开温柔乡，则视野狭隘；视野狭隘，则见识短浅；见识短浅，则难成大器。吾滇之邻省，四川早在明正德六年（1511年）就有杨慎考中了状元，贵州康熙四十二年（1703年）便有曹维城考中武状元。而吾滇既无人中文状元，也无人中武状元，就连考中‘三鼎甲’者都无。这是吾滇之耻辱，都是因循、懒散、懦弱、迂腐、不思进取所致。”

腊月二十四日，从大风洞启程，雪虽停了，天仍阴云密布，北风怒号，比前几天还冷。因顶着北风而行，风又特猛，行路十分艰难，此地真不愧为“大风洞”。行二十三里渡过重安江至重安驿过站，又行二十里至黄平州宿。

腊月二十五日，从黄平州启程，天仍阴。行二十里至东坡山，有贵州名胜“飞云崖”（也名飞云洞）。何桂清等下马探胜，但见古树参天，流水潆洄，有拱桥一座横跨溪上。桥东石坊岿然，上镌云贵总督鄂尔泰题额“黔南第一胜景”。过石坊，拾级而上，便是飞云崖。飞云崖是崖又似洞，内甚宽敞，顶上崖檐覆出，石乳倒垂。浮者若飞霞，亘者若虹霓，豁然楼殿门阙，悬若铜鼓编磬，并有狮象蛟龙、莲荷阡陌、蜂房水涡之属。其下澄潭邃谷，幽深无底。岩半立大士像。有水出崖左，泻为瀑布。崖前石峰矗立，上建圣果、滴翠二亭。《圣果亭记》碑，传为王守仁手书，文思古穆，笔势苍劲。何桂清等忙认真地摹拓了好几张。

飞云崖的澄潭附近有月潭寺公馆、清风亭、大官厅、观瀑台、幽云亭、清心殿、皇经楼、接引殿、养云阁等建筑。王守仁《月潭寺公馆记》云："天下之山萃于云贵，连亘万里，际天无极。……惟至兹崖之下，则又皆洒然开豁，心洗目醒。虽庸俦俗侣素不知有山水之游者，亦皆徘徊顾盼，相与延恋而不忍去。"

何桂清道："明正德元年，王阳明先生（王守仁）得罪了把持朝政之大宦官刘瑾，被廷杖之后贬谪到贵州龙场驿为驿丞。他在龙场驿期间，多次游飞云崖，故在此地留下了许多遗迹。不久，他终于大彻大悟，为后来成为一代大儒奠定了基础。"

倪应谦道："王阳明先生之学说，最令人称道者，是'知行合一说'，他说'知而不行，只是未知'，这真是一针见血！而国人之通病便是知而不行。吾辈今日游飞云崖见到王阳明先生这些遗迹，真是平生之一大幸事！"

他们在飞云崖边游边谈，流连了很久，才上马赶路。这一日，他们共行四十九里，天黑以后才赶到沙平住宿。

腊月二十六日，从沙平启程，雇船至镇远府。这一天，天仍不晴，十分寒冷。坐在船上，但见两岸石壁耸峙，陡然而下，岩间瀑布众多，如烟如雾，如雨如雪，劈空飞叠。沿途过潭十多个，唯诸葛潭最险，怪石林立横截中流，喷波撼浪其势迅猛。这一日，共行水路六十里才至镇远府。

镇远位于贵州的东部，为黔东重镇。城内外古迹、名胜众多，有驰名的镇远十二景：石屏巨镇、五老宾南、二仙拱北、燕矶渔唱、春江晚渡、平冒先声、西峡瀑布、松溪夜月、龙山屯云、东山街月、古柏精忠、惠泉仙品。

腊月二十七日，从镇远启程，乘船沿江东下。在雾雨中行驶九十里，至清溪县青浪驿挂号，又行三十里舟泊漾平。

腊月二十八日，在雾雨中行驶三十里至玉屏县玉屏驿挂号，又行九十里舟泊滉州驿挂号，过大漾十五次，驿属湖南沅州。

腊月二十九日，在雾雨中行驶六十里至便水驿，又行驶六十里至沅州府首县芷江沅水驿挂号，过大滩四五次，小滩七八次，舟泊府城桥畔。

腊月三十日，在雾雨中行六十里至马公坪，驿名罗旧，又行八十里至七里滩泊舟。在舟中过除夕之夜，令何桂清等感慨万千。

何桂清道："遥想嘉庆二十四年（1819年）举人、道光九年（1829年）进士、吾乡之先进戴絅孙，他考中举人之后，多次赴京会试。有一次，他也是在大年三十之日，也是在异乡漂荡在一只小船上，他不由得想起在家里过年之往事：和亲人一块贴春联、煮饵块、饮糯米酒、雪中赏山茶。思乡之情难以抑制，便口占《家山好》二首以解乡愁。其一云：'为忆家山好，城春逼岁华。镫回榼贴换，饵煮灶烟斜。白酒开香糯，青松幂晚花。群芳谁第一，雪意上红茶。’其二云：‘为忆家山好，城东小结庐。雪痕埋迳滑，月影动窗虚。醉竹尊前酒，落花床上书。主人寒未睡，茗碗夜镫余。’”

倪应谦等四人道：“吾等也听说过这件事，戴絧孙不愧为‘五华五子’，这两首诗的确写得亲切、感人！”

道光十二年正月初一日，船行一百零五里，舟泊沙湾，何桂清等上岸买了一点酒菜共庆新年。

正月初二日，船行一百三十里至溪县，上岸挂号后，又行五十里，舟泊黄溪口。

正月初三日，船行九十里至辰溪县挂号，又行五十里，舟泊鱼滩。

正月初四日，船行二十五里至普市，七十五里经渌溪县，又行四十里舟泊辰州府首县沅陵驿中挂号，摸黑又赶行了二十里，共行一百六十里才泊舟。

正月初五日，起航时大雾，到中午时渐晴。过银壶山远望岩头一点白，船主说：“仙子张三丰系壶于上，人欲取之则雷电骤至，不可得近。”船过九曲滩，又过青浪滩，二滩都很大，其中的青浪滩长达四十里。江水十分湍急，船顺流而下，航行如飞，让人惊心胆战，共行一百四十里，舟泊麻衣府（今名麻伊洑）。

正月初六日，起航后，听船主说前边几十里之外的水溪有陶渊明所说的桃花源。何桂清等请船主到时指点，要上岸一游。午后，船至水溪，何桂清等便去游传说中的桃花源。

桃花源面临沅水，背倚群山，苍松翠竹遮天蔽日，环境十分清幽，亭台楼阁点缀其间，的确值得一游。倪应谦对何桂清说："何贤弟有何观感？此地果为陶老夫子所云之桃花源否？"何桂清道："如此美景不枉一游。然陶老夫子写《桃花源记》，乃是用虚构之村庄、虚构之故事以表达其理想中之盛世罢了，世间岂有如此之桃源？"倪应谦道："吾之所想与贤弟一致，此乃好事者附会罢了。"

上船后继续顺水行舟，共行一百五十多里，舟泊桃源县城。

正月初七日，舟行九十里至常德府，首县武陵，上岸住店。

正月初八日，歇息一日。游明荣定王墓、乾明寺等名胜，购湘人书家何绍基等人的条幅。何桂清喜爱何绍基墨迹，认为此人以后必成大家。

倪应谦对何桂清说："吾等入湘境已十多天了，何贤弟对湘人有何评说？"何桂清道："湘人人才颇多，但霸气十足、目空一切。如乾隆年间岳麓书院山长罗典，他写有一副集句对联，悬挂在岳麓书院之大门。上联取自《左传》，下联摘自《论语》。其联曰：'惟楚有材；于斯为盛。'集句为联不能太苛求，但亦必所集之联大体符合对联之对仗、平仄，且意思贴切。而此集句联，不但对仗全无，而且霸气十足、目空一切。实在不能算作一副拿得出手、见得了人之集句联。联中之‘楚’字，若泛指吴、越、皖、赣、闽、鄂、湘等楚地，还勉强能说得过去，若仅指湖南、湖北两省，则太狂妄、太武断，不仅吴、越、皖、赣、闽之人愤慨，川、滇、黔之士也不服气。何况‘斯’岂能对‘楚’，‘盛’岂能对‘材’？真可谓‘罗山长不通，撰对联欠工。敢挂书院地，笑煞饱学翁’。”倪应谦道：“何贤弟说得有理。依愚兄看，此联可改写为：‘惟楚材众，于湘栋多。’”何桂清道：“倪兄改得好！倪兄之联与罗典之联相比，虽气势稍差，然对仗工稳、语气平和、联意妥当，不失为一副佳联。”余次勋、谷清、杜桂三人齐声道：“何贤弟分析得极是！倪兄之联改写得好！”

五人谈笑着，尽兴而归。

正月初九日，由武陵启程，改行陆路，行六十里至大龙驿宿。

正月初十日，由大龙驿启程，行七十五里至清化驿宿。

正月十一日，由清化启程，行七十五里至沣州宿。

正月十二日，由沣州启程，行六十里至顺林驿宿。

正月十三日，由顺林驿启程，行四十里入湖北界，再行四十里至孙黄驿。换马过站又行五十里至孱陵驿宿，是日共行一百三十里。

正月十四日，由孱陵启程，行三十五里至虎渡口渡长江，江宽十里。再行八里至荆州府，住西门外客栈。步行入江陵城，城内古迹众多，有开元观、满城、大关庙等。

开元观乃唐代开元年间建，以后各个朝代都有增建或修葺。观为南向，由山门、雷神殿、三清殿、祖师殿四部分组成。观内有元、明时期的碑刻，钟、炉以及大铁镬、石马槽等文物。

正月十五日，由江陵启程，行七十五里至建阳驿宿。

正月十六日，由建阳驿启程，行七十里至关公掇刀石。何桂清等入关庙拜谒。过虎牙关，又行二十里至荆门州宿。

正月十七日，由荆门启程前，何桂清等出西门游览龙泉书院。

龙泉书院在荆门西门外蒙山之麓，以拥有蒙、惠、龙、顺四泉而著名。宋代时，陆九渊曾在这里讲学。书院建于乾隆十九年（1754年），有育德堂、启秀门、东斋、西斋、陆公祠、文昌阁、魁星楼等建筑。宏伟的建筑、潺潺的泉水交相辉映，景观十分别致。

从龙泉书院出来后，何桂清等人便上马赶路。行六十里至石桥驿，换马过站，又行六十里至丽阳驿宿。

正月十八日，从丽阳驿启程，行九十里至宜城县宿，宜城驿名鄢陵。

正月十九日，由鄢陵启程，沿小河口三十里过渡，又行六十里至襄阳府汉江驿，过岘山。这天，乘马下店时天色尚早，何桂清等便登昭明台游览。

正月二十日，从汉江驿启程，渡汉水至樊城，又行六十里至吕堰驿宿。过樊城时，何桂清等入米公祠拜谒。米公即宋代著名书画家米芾，他能诗文，擅书画，行、草书得王献之笔意，山水人物画自成一家。祠内有摹刻米芾手书法贴三十四碣，其笔势浑如“风樯阵马，沉着痛快”。还有黄庭坚、蔡襄及赵子昂等著名书法家的手迹刻石八方，并嵌于祠内的两壁，何桂清等人忙取纸用心摹临。

正月二十一日，从吕堰驿启程，行二十五里入河南界，又行四十五里至新野县，换马过站，又行六十里至瓦店宿，瓦店驿名林水。

正月二十二日，由林水驿启程，行六十里至南阳府，过卧龙岗时，何桂清等入武侯祠拜谒。

武侯祠位于南阳城西，传说蜀汉丞相武乡侯诸葛亮曾躬耕于此。祠内和周边有半月台、老龙洞、野云庵、三顾茅庐、小虹桥、抱膝石、躬耕亭、古柏亭、梁父岩、诸葛井、清风楼、三顾堂、关张殿等建筑和景观。祠内的碑刻甚多，其中岳飞书写的前后出师表，书法洒脱俊逸。何桂清、倪应谦、谷清三人最爱名家碑刻，忙取纸一一摹临。

正月二十三日，由南阳启程，行六十里至博望换马过站，又行六十里至裕州宿。

正月二十四日，由裕州启程，行三十里至搬倒井，路旁有黄石仙踪坊，井上有亭，后有光武庙，又行三十里至保安驿宿。

正月二十五日，由保安驿启程，行六十里至叶县，路有叶公问政处碑，叶县驿名强水。

正月二十六日，由强水驿启程，路上有沮溺耦耕处，子路问津处等遗迹。渡过汝水后，不久便至襄城县的新城驿。

正月二十七日，由新城驿启程，行四十里过颍桥，渡颍水，又行二十里至水盐店宿。

正月二十八日，由水盐店启程，行二十里许，遇大风忽起，飞沙走石，尘卷半天，日光尽蔽，昏暗蒙迷目不能视，又行十里至石固驿，驿属长葛县。

正月二十九日，由石固驿启程，行六十里至新郑县，过溱、洧水，水环南关外，路绕东门。入城换车，又行四十里至郭店驿宿。

二月初一日，由郭店驿启程，行五十里至郑州，驿名管城。换车后，又行四十里至荥泽县宿。

二月初二日，由荥泽县启程，行二十里至广武山下，渡过黄河。又行七十里至亢村驿，驿属获嘉县，号门外有夏公碑。

二月初三日，由亢村驿启程，行六十里至新乡县，新乡县有著名的“大观圣作碑”。

“大观圣作碑”立于北宋大观二年至宣和三年

（1108年~1121年）之间。碑高4.47米，宽1.24米，厚0.24米。碑额上部及两侧雕有二龙戏珠。碑文四周浅刻藏地卷龙，缠枝牡丹二方连续花边，下部刻出气纹。碑体高大，刻工精细，碑文为宋徽宗赵佶所撰写，由当时著名书法家李时雍摹写上石。额上“大观圣作之碑”六字，为蔡京所题。宋代书法取法于唐人，而又有所创新，具有独特风格。赵佶所创的“瘦金体”，在宋代书法流派中又别具一格。后人评为“直如矢，劲如铁，望之如枯藤冒树，天矫攫拏，亦如游丝袅空，烟缊直上”。赵佶的书法，流传的多为行书和草书，此碑则为正楷之首。碑文共一千零七字，字体瘦直挺拔，横画收笔带钩，竖画收笔带点，撇如匕首，捺如刀切，竖钩细长，个别连笔则如游丝飞空。

何桂清等见了“大观圣作碑”，欣喜得手舞足蹈，忘记了旅途的疲劳，忙取纸精心摹临了好几张，才换车后赶路。又行六十里，天黑后才赶到卫辉府，首县名汲县。

二月初四日，从卫辉启程，行六十里至淇县。又行六十里至宜沟驿宿。

二月初五日，从宜沟驿启程，行三十里至汤阴县。汤阴是南宋抗金名将岳飞的出生地，汤阴城的西南隅有岳飞庙，何桂清等入庙拜谒。

岳飞庙建于明代初年，庙坐北向南，院落结构严谨，殿廊亭台，刻绘塑铸丰富多彩。山门前有施全祠，内奉施全铜像，祠前有秦桧、玉氏等五奸臣的铁铸跪像。精忠坊及东大门分立山门左右两侧。坊为木构多层斗拱组成，庄重大方，山门的东侧有清乾隆皇帝的御书碑。拾级进庙，古柏竞翠，碑碣林立，东有小巧玲珑的觐光亭和肃瞻亭。御碑亭后为大殿、寝殿。正殿面阔五间，深三间，庄严宽敞，内有岳飞塑像。

何桂清等出庙后便登车赶路，又行二十五里至魏家营宿。

二月初六日，由魏家营启程，阴，下小雨，舍车骑驴。行十五里至彰德府，首县安阳。城内有台，额曰邺城，战国时魏国西门豹曾任邺令治邺。还有古相州韩魏公昼锦堂等古迹。换车行三十里至丰乐镇，过漳河，河宽十里，有浮桥，又行四十里至磁州，进入直隶（今河北省）界，这一天共行八十五里。

二月初七日，由磁州启程，行七十里至邯郸县换车。邯郸城内有丛台、学步桥等古迹。登丛台的“据胜亭”，邯郸城的楼阁园林、湖光山色，尽收眼底。学步桥为三孔石拱桥，大孔券两侧有四小拱券，全长35米，宽8.3米，通高4米，大孔跨径6.2米。桥面两侧有石栏，栏板长1.7米，高0.8米，浮雕人物走兽。桥名出典于《庄子·秋水篇》，即“邯郸学步”。

出邯郸城北行二十里，何桂清等又游“黄粱梦”即吕仙祠。成语“黄粱一梦”就典出于此。又行二十五里至临洺关宿，这一天共行一百一十五里。

二月初八日，由临洺关启程，骑马行三十五里在沙河县打尖，又行三十五里至顺德府首县邢台宿。

二月初九日，从邢台启程，行六十里至内邱县宿。

二月初十日，从内邱县启程，行六十里至柏乡县。换车后又行六十里至赵州。赵州古迹众多，有大观圣作之碑、安济桥、永通桥、陀罗尼经幢、柏林寺塔等。何桂清等抢在天黑之前便游览了一部分，第二天启程前又游览了一部分，可谓大饱了眼福。

二月十一日，从赵州启程，行四十里至栾城县，又行六十里至正定府宿。

二月十二日，正定古迹众多，有广惠寺、开元寺、天宁寺、封冻碑、临济寺、隆兴寺等。何桂清等决定小憩一日尽兴一游。

广惠寺、开元寺、天宁寺、临济寺都以寺内的塔而特别著名。广惠寺的塔称为“多宝塔”，始建于唐贞元年间，塔高40.5米，造型独特，结构富于变化。开元寺的塔始建于唐代，为砖石结构的密檐式塔，高48米，共九级。天宁寺的塔称为“灵霄塔”，因系砖木混合结构，又称木塔。塔高九级，平面呈八角形，始建于唐代宗时期。临济寺的塔名“澄灵塔”，又名“青塔”。塔始建于唐咸通八年（867年），为九级密檐砖塔，高33米。

封冻碑，又名“风动碑”，为唐永泰二年（766年）成德军节度使李宝臣立，王佑撰文，王士则作行书，笔法潇洒清逸。碑高约6米，宽2米至3米，气势雄伟，高大壮观。龟趺坐，双龙抱额，镌刻精美工整，阴文刻一千九百五十九字。

隆兴寺，原名龙藏寺，创建于隋开皇六年（586年），宋初更名为龙兴寺，清康熙年间定名为隆兴寺。隆兴寺又因寺内的铜铸大佛驰名国内，又称大佛寺。隆兴寺占地约五万平方米，主要建筑分布在南北中轴线上，自三路单孔石桥向北，有天王殿、大觉六师殿、摩尼殿、戒坛、慈氏阁、转轮藏阁、康熙御碑亭、乾隆御碑亭、大悲阁、弥陀殿等。其中摩尼殿、转轮藏阁、慈氏阁、天王殿等都保存着宋代建筑风格和特点。摩尼殿建筑形制特殊，为中国现存早期古代建筑所仅见，殿内有宋代泥塑佛像五座，殿后壁有悬塑的明代彩色背座观音像。大悲阁为隆兴寺主体建筑，高33米，五檐三层。阁内铜铸四十二臂大悲菩萨像，也称千手千眼观音，高约22米，像体纤细颀长，比例匀称，衣纹流畅，腰部以下尤佳，富有宋代艺术风格。

隆兴寺内还存有隋、宋、金、元、明、清历代碑石三十余通，其中的“龙藏寺碑”最为著名。龙藏寺碑立于隋开皇六年（586年），高2.1米，宽0.9米，碑文三十行，每行五十字。碑文为开府长史兼行参军张士礼撰文，书体方整有致，结构朴拙，字划遒劲有力，用笔沉挚，有古拙幽深的美感，在书体结构上和用笔上都与唐初楷书有相同之处。说明此碑在南北朝至唐的书法艺术发展史上，处于承前启后的地位，对研究汉隶到唐楷过渡期间的书法艺术，字体演变有着重要价值，是国内现存的著名碑刻之一。

隆兴寺是何桂清等出滇以后，在沿途所看到的规模最恢宏、建筑最宏伟、内容最丰富的佛寺。他们离开隆兴寺时，仍依依不舍，议论纷纷。伫立许久之后，他们才将满载而归的拓片用油布小心包裹后离寺。

二月十三日，从正定启程，骑马行四十五里至新乐县换车。又行五十里至定州，州门口镌刻有“古中山国”四字。趁着天还未黑，何桂清等人登上了城内的开元寺塔，俯瞰定州城。

开元寺塔，又名瞭敌塔，始建于北宋真宗咸平四年（1001年），仁宗至和二年（1055年）才建造竣工，历时五十五年，故流传有“砍尽嘉山木，修成定州塔”的传说。开元寺塔是宋王朝为了防御契丹，建此塔以瞭望敌情，故也名瞭敌塔。塔建于高台之上，平面呈八角形，十一层，高84米，是国内现存最高的砖塔。

二月十四日，由定州启程，骑驴行三十里至清风店，换驴后，又行三十里至望都县宿。

二月十五日，由望都县启程，乘车行四十五里至泾阳驿。又行五十里至直隶省城，首府保定，首县清苑，驿名金台。

二月十六日，由金台启程，骑马行五十里至安肃县，驿名白沟。

二月十七日，由白沟启程，骑马行七十里至定兴县，游城内的慈云阁。

二月十八日，由定兴县启程，骑马行七十里至涿州。涿州城门有联云："日边冲要无双地，天下繁难第一州。"

二月十九日，骑马出涿州城，过琉璃河桥，行七十里至良乡县宿。

二月二十日，由良乡启程，骑马行二十五里至常兴店（今称长辛店），再行五里至卢沟桥。

何桂清等至桥头时，下马小憩，漫步于桥上。卢沟桥全长266.5米，宽7.5米，下分十一个涵孔。桥身两侧石雕护栏各有望柱一百四十根，柱头上均雕有卧伏的大小石狮共四百八十五个。这些石狮神态各异，栩栩如生。桥东的碑亭内立有乾隆皇帝题"卢沟晓月"汉白玉碑，为"燕京八景"之一。

何桂清等上马后，又行二十五里至京城彰义门，入城住下。

何桂清等此次入京会试，经过五省，行程六千五百四十里，历时八十三天。

道光十二年（1832年）壬辰恩科会试，主考官为潘世恩、戴敦元、穆彰阿、朱士彦四人。其中的正主考潘世恩为乾隆五十八年（1793年）癸丑科状元，翰林院掌院学士。

三月初八日至初十日为会试的首场考，十一日至十三日为第二场考，十四日至十六日为第三场考。会试的这三场考试，何桂清都因身体不适而精神欠佳，但他仍振作精神，沉着应试，只是临场发挥不如他的心意，能否中式，没有把握。

何桂清每场考试完毕，都把他的应试情况通报给倪应谦等四位兄长，他们四人也感叹，本科会试之人太多，仅吾滇就有九十多人赴京会试，文章高手众多，无法预料能否中式。会试考后到放榜，要等待二十多天。这二十多天是最令人烦躁不安的日子，他们只好隔三岔五地去逛琉璃厂，或去陶然亭闲坐，或游太学、国子监，有时也会打起精神去拜访几位在京城为官的同乡前辈。

三月初九日，盼望已久的会试录取榜终于公布了。何桂清等五人怀着忐忑不安的心情挤到被人海包围的榜前，他们事前已经约定，五双眼睛都同时寻找五个人的名字，不管是谁先看见了其中一人的名字，便高声告诉他，这样就不至于在慌乱中看漏了自己的名字。然而，他们五人仔细地看了数遍，都无他们的名字，知道是都落第了，便怏怏而归。第一次落第，其挫折感对他们都不太强烈，因为在当时，落第三四次才考中进士者，是普遍现象，若第一次会试就考中进士，才会出乎他们的预料之外。

何桂清的这次落第，在他看来是“天外有天”，自己的学识还不深厚。在我们看来，也许另有其他原因，也许主考官认为何桂清太年轻，没经历练就轻易中式，对他的成长并不好。所谓“天将降大任于斯人也，必先苦其心志，劳其筋骨，饿其体肤，空乏其身，行拂乱其所为”

是也。有如此看法的主考官，在历史上屡见不鲜，他们并非嫉贤妒能，而是珍爱人才、用心良苦。本科会试的正主考官潘世恩虽高中状元，但他却是二十二岁时才考中举人，二十三岁时才考中状元的。作为一代贤臣的潘世恩，他也许对何桂清惺惺相惜、寄予厚望，有意要磨练他，让他先经受一点挫折。

道光十二年（1832年）壬辰恩科的会试和殿试，共录取文进士二百零六名，其中录取了云南人七人。这七位云南人是：广南人陈秉钧，第二甲第五十四名进士，道光八年（1828年）举人；河阳（今澄江）人郭锡恩，第二甲第九十五名进士，道光十一年（1831年）举人；蒙自人陆应谷，第二甲第九十八名进士，道光二年（1822年）举人；通海人汪自修，第三甲第五十一名进士，嘉庆二十四年（1819年）举人；蒙化（今巍山）人刘柄青，第三甲第六十三名进士，道光八年（1828年）举人；富民人邱以德，第三甲第六十六名进士，道光八年（1828年）举人；剑川人欧阳丰，第三甲第七十二名进士，道光十一年（1831年）举人。这七位进士中，最幸运的是郭锡恩和欧阳丰，他们二位是与何桂清同榜的举人，即第一次会试就中式的连捷进士。其余五位，汪自修大约参加了六次会试，才考中进士；陆应谷大约参加了四次会试，才考中进士；陈秉钧、刘柄青、邱以德三位大约参加了两次会试，才考中进士。而与何桂清同榜中举的解元李钟泰、亚元许昌龄以及其余八十多位举人均未考中进士，可见考进士是很难的。

四月十五日，何桂清等五人前往礼部领取落卷，到兵部领取火牌，一同动身返回昆明。

清道光十三年（1833年），因去年的壬辰恩科会试挤占了壬辰正科会试的考期，故朝廷又于今年（癸巳年）补行壬辰正科的会试。何桂清本可再次入京会试，但他考虑到接着两年赴京会试，难以筹措赴京的费用；另外，去年会试落第印证了"天外有天"的古训，应该再闭门刻苦攻读、充分准备，下次再去会试，于是便放弃了这次会试的机会。

七月二十三日，上午时昆明的天气就很闷热，何桂清正闭门在家苦读，忽然感到头昏、心悸、两眼发黑。他感觉不妙，也许又是地震之前兆，忙起身看望因生病而躺在床上的母亲，而就在此时他已感到天旋地转，房屋摇晃。说时迟，那时快，机灵的何桂清早已背着母亲跑出了住宅的大门。就在何桂清跑出住宅的那一瞬间，何家及周边的一些破旧的房屋，已被强烈的地震夷为平地。

昆明这次罕见的大地震，余震数十次，一直延续到九月以后才停止，震级烈度达八度。城内外坍塌房屋7422间，死伤845人，土桥等地地面裂开，东寺塔被震倒，西寺塔宝顶震落，官渡妙湛寺西塔被震倒。

何桂清目睹了这次大地震对昆明的破坏，他在心里暗自庆幸没赴京参加癸巳年的会试，若去会试，说不定七月二十三日仍滞留京城或正走在返乡的路上，那么独自一人在家的母亲其后果则不堪设想。何桂清家的邻居，也就是那位李姓富商，见何家的房屋全被震倒了，便邀请何桂清一家到他家暂住，又资助何家一百两银子重盖新房，还资助何桂清五十两银子作后年赴京会试的路费。何桂清一家对李家感激不尽。

道光十四年（1834年）腊月初，何桂清与倪应谦等人又匆忙准备着赴京会试了。这次赴京会试，同行者除上次的倪应谦、余次勋、谷清、杜桂之外，又增加了倪应谦之弟倪应观，谷清之兄谷沅。倪应观是道光十二年（1832年）壬辰科云南乡试考中举人的，他与其兄一样正直、宽厚，却比其兄更聪慧。谷沅是道光十四年（1834年）甲午科云南乡试考中举人的，他与其弟一样都能诗善书，工画山水。

道光十五年（1835年）乙未科会试和殿试，会试的总裁是穆彰阿，副总裁有何凌汉、文庆、张鳞三人。会元张景星，状元江西永丰人刘绎，榜眼曹联桂，探花乔晋芳。何桂清考中了第二甲第四十九名进士，倪应谦之弟倪应观也考中了第三甲第十八名进士。倪应谦、余次勋、谷清、杜桂四人会试后又落第，谷沅亦落第。乙未科考中进士的云南人还有：石屏人丁宝纶，第二甲第三十八名进士；昆明人陈绩，第二甲第六十一名连捷进士；昭通人李钟泰，第二甲第八十六名进士；昆明人张耀，第三甲第三十四名进士；昆明人钱炘和，第三甲第三十七名进士；景东人李灏，第三甲第六十五名进士；晋宁人胡延槐，第三甲第九十三名进士；建水人李景椿，第三甲第一百一十五名进士；昆明人马照，第三甲第一百四十六名进士。

这十一位进士中，何桂清与李钟泰为同榜举人、同榜进士，两次同年可谓有缘。何桂清与倪应观、钱炘和两人成为一生的好友。钱炘和家为昆明望族，从明至清有钱世贤、钱士云等人考中进士，考中举人者不下七人。

何桂清中进士后，又参加朝考，因成绩优秀，被挑选为翰林院庶吉士。乙未科云南籍十一位进士，仅何桂清一人入翰林院。这一年，何桂清年仅十九岁，人称“金榜少年”。在考中进士者的平均年龄为三十七岁的明清两个朝代，来自边陲云南的何桂清，十九岁便考中进士，又点为翰林，可谓科场顺利，少年得志了。

孝子良师

何桂清对待父母，是地道的孝子；对待求教者，是名副其实的良师，受到何桂清指教的昆明士子，有多人考中举人、进士，被昆明士子称为百年难遇的良师。

何桂清之母体弱多病，早年因家境贫寒，无钱医治。何桂清便拜昆明的一位老中医为师，他常常跟随这位老中医进山采药，以便寻找滋补之药给母亲补身体。何桂清在外为官时，手头宽裕了一些，便经常托人带回人参等滋补品给母亲调养身体。

清道光二十八年（1848年），在京城任兵部右侍郎（相当于如今的国防部副部长）的何桂清得知母亲在家乡昆明病故，放声痛哭，几致昏厥。母亲体弱多病，他是十分清楚的，但没想到老人家走得这样早，这样突然。三个月前，他曾托人带去半斤人参给母亲补身子；几天前他还收到家书，知道母亲吃了人参后，精神渐好，已能起床料理家务了，他心里十分高兴，没想到母亲却突然离开了人世。

何桂清赶回昆明后，协助父亲把母亲好好地安葬了。他见姐姐的坟墓因年久失修，有的地方已出现了坍塌，便进行了精心的修葺，又补写了墓志铭。他的心里一直对早逝的姐姐有愧疚感，觉得姐姐是为了替家庭解困才去李家为陪伴的，是为了维护何家的面子才投井自尽的。他感激姐姐，也感激深明大义、忠厚善良的李老爷。

母亲病故后，在外为官的何桂清便把父亲接到衙署尽心供养，不管到何地为官，何桂清都会把父亲接到身边，以便尽孝。如咸丰四年（1854年）九月，何桂清升任浙江巡抚。到任不久，何桂清便派人到昆明接父亲到杭州。何桂清有一个习惯，即经常与在京城为官的密友自娱山房主人通信以互报各种近况。他给这位密友写信时，谈完国事之后，常常谈一些家事。这一期间，他便把他父亲北上杭州沿途的行止及到达杭州之后的近况不断汇报给他的这位密友。信中流露出了何桂清对父亲的一片孝心。如何桂清写于咸丰五年（1855年）六月二十四日的信，向密友汇报："家严闻三月十六日携全家而来，五月初九日已到湖南省，仅得一家人禀，月内想可到杭也。前曾有手谕不准差异迎接，恐致骚扰，昨但遣王禄、陈炳迎至常山一带。"写于七月十二日的信，又向密友言："严亲携全家来，前月初五已到临江府，距南昌不过一百八十里，因天热不能行，租屋消夏。手谕七月初十内外起程，赶乡试前到浙。今滇省已无家，更不能不安心做官矣。"写于九月初五日的信，又向密友汇报："家严在临江避暑，至八月三日始起程，九月二日至浙省，精神如十年前，全家大小上下人等均清吉。半载以来，寸衷悬悬，今得团聚，实至乐也。"（以上三信均见《何桂清等书札》）

丧事办完后，在昆明守制的何桂清便登门拜访他家的大恩人、邻居李老爷。李老爷的小儿子李昌祺聪慧、好学，已进学多年了，但参加了三次乡试均未中举。为报答李老爷的恩德，何桂清决定尽力好好地调教调教这位李公子，使他早日中式。

何桂清也没忘记他的乡试同榜，好友倪应谦等人。倪应谦会试多次未中式，大挑之后已入仕，现在贵州为同知。倪应谦有一个堂弟倪应颐，聪慧、勤奋、博学、正直，而且热心公益，但道光十九年（1839年）中举后，入京会试多次，至今也仍未中试。为报答好友倪应谦的深情，何桂清也想开导开导倪应颐。其实何桂清想帮助倪应颐，还不仅仅是为了报答倪应谦，他对倪应颐的人品特别敬重。几年之前，急公好义的倪应颐看到昆明黑龙潭明末义士薛尔望的坟墓年久失修，曾捐银修葺。他还将云南提学使吴存义撰的《明忠义薛尔望先生墓表》丹书镌刻后立于墓旁。一个与薛尔望既不沾亲也不带故的本朝人，居然给尽忠明朝的义士修坟、立碑，多少是要冒一点风险的，何况还要花钱、费力，可见倪应颐是一位具有侠肝义胆的义士。

有一天，何桂清将李昌祺、倪应颐二人请到家中吃饭。饭后三人海阔天空地闲聊了一会，李、倪二人便向何桂清请教如何做学问和科场应试，二者有何区别又如何兼顾。

何桂清道："著书立说乃大学问，科场应试为小学问，大学问是本，小学问是末，大学问高于小学问。然有大学问不一定有小学问，而有大学问者又常常轻视小学问，不屑下功夫钻研小学问。诚如是，则纵使皓首穷经，也必久困场屋。广南府之方玉润，学富五车、才思敏捷，却久困场屋，至今仍是一名生员，皆因有大学问而轻视小学问。而有小学问者，又往往满足于金榜题名，而不思进取，终成为一群于世无裨之庸官俗吏。做学问者，必博览群书，融汇诸子；闯科场者，可熟读四书，钻研八股。欲立言传世而不思入仕者，可只做大学问，不做小学问。只想金榜题名者，须用心钻研小学问。要立德、立言、立功者，须有大小两种学问。专研大学问是终极之目标，掌握小学问是敲门之砖石。科场应试虽为小学问，但也决不能等闲视之。而此敲门之砖石，便是第一场应试之四书三篇。此三篇文章作得‘清真雅正’者，才有中式之希望。而作文贵在有独到之见解，不能人云亦云。然而见解也不能过于高深莫测，标新立异，应符合孔孟之道，程朱之学。更不可影射朝政，触犯禁忌。一篇好文章，妙在既有让人耳目一新之独到见解，又不离经叛道，触犯禁忌……”

何桂清侃侃而谈、妙语连珠、谈笑生风。此时的何桂清早已不是十多年前对如何应试知之甚少的学子了，而是一位担任过河南乡试副主考、贵州乡试正主考、广东乡试正主考、会试同考官、山东学政的资深考官和学官，还是一位见过大世面的高官，对如何应试，如何取士，如何施教，如何做学问，感触颇深、经验丰富，再加李昌祺和倪应颐是熟人又是后学，何桂清不必板着面孔说教，或遮遮掩掩，故谈论起来能鞭辟入里、直言不讳。如此谠言高论，就连颇有应试阅历的倪应颐听了也感到茅塞顿开，李昌祺听了更是如醍醐灌顶，对何桂清佩服得五体投地，称何桂清是他平生所遇之第一良师。

倪应颐道：“何兄是如何理解‘清真雅正’这四个

字？请何兄赐教！”

何桂清道：“‘清真雅正’是本朝取士之标准。世宗雍正皇帝曾晓谕考官：‘所拔之文，务令雅正清真，理法兼备。’高宗乾隆皇帝也曾晓谕考官：‘考试各官，凡岁科两试以及乡会衡文，务取清真雅正，法不诡于先型，辞不背于经义者，拟置前茅，以为多士程式。’而‘清真雅正’之基础，乃‘理法辞气’。何谓‘理法辞气’？八股文之‘理’就是孔孟之道、程朱之学，即一篇文章阐发之‘义理’是否符合程朱之解释，是否醇正。如有不符，必将黜落；若理醇脉正，且有创意，则为佳作。八股文之‘法’指文章之作法。戴名世云：‘制举业者，……而法有二焉：有行文之法，有御题之法。’御题之法是指‘相其题之轻重缓急，审其题之脉络腠理，布置谨严，而不使一毫发之有失，此法之有定者’。即看到一篇文章之题目后，必须先仔细揣摩题目之出处，也就是确定这句话是谁言之，对谁言之，在何环境之下言之以及说此话时之神情。御题之法在八股文之写作中极为重要，它是应试成功很重要之环节。行文之法是指作八股文时对文章主体部分结构起伏呼应、顿挫跌宕之布局等。戴名世认为：行文之法，法之无定者，即行文之法不是死板之法，它有许多之机巧变化，不同之题目，不同之表现内容和主题，都可采取不同之表现方式。总之，一篇八股文若作得丝丝入扣，议论通畅，裁减整齐，便能过关。八股文之‘辞’是指文章之文采与字句表达。李光地之《榕村语录》云：‘文字不可怪，所以旧来立法，科场文谓之清通中式，清通二字最好，本色文字，句句有实理实事。’这就是说文章既不能带有注疏气之死板，也不能带有辞赋气之浮华，应该朴实自然、珠圆玉润、言之有物。八股文之‘气’，乃是为文者之思想借助文辞和句式，外化为文章行文之气势、气概。若能使人感到灏气盘空、大气盘旋、魄力沉厚者为佳。

而‘清真雅正’，乃根植于‘理、法、辞、气基础之上，对八股文之总体要求。李元春认为：‘清有四：意清、辞清、气清、要在心清；真有五：题中理真，题外理真，当身体验则真，推之世情物理则真，提空议论则真；雅有二：自经书出则雅，识见超则雅；正有二：守题之正，变不失常。’方苞在《钦定四书文·凡例》中言：‘凡所录取，皆以发明义理，清真古雅，言必有物为宗。’这就是说所取之文章必定是阐发之义理有发明、有新意，文辞言之有物、清真古雅者。方苞又言：‘唐臣韩愈有言：文无难易，惟其是耳；李翱又云：创意造言，各不相师而其归则一，即愈所谓是也。文之清真者，惟其理之是而已，即翱所谓创意也。文之古雅者，惟其辞之是而已，即翱所谓造言也。而依于理以达其词者，则存乎气。气也者，各称其资材而视所学之浅深以为充歉者也。欲理之明，必溯源六经而切究乎宋元诸儒之说；欲辞之当，必贴合题义而取材于三代、两汉之书；欲气之昌，必以文理洒濯其心，而沉潜反复于周秦盛汉唐宋大家之古文。兼是三者，然后能清真古雅而言皆有物。故凡用意险仄纤巧而于大义无所开通，敷辞割裂卤莽而于本文不相切，以及驱驾气势而无真气者，虽旧号名篇，概置不录。’章学诚也对‘清真’有解释。其言：‘夫文章之要，不外清真，真则理无支也，清则气不杂也。’‘真’即文章内容纯正、精当。‘清’即文章叙说有条理，文气流畅、不散乱。‘雅’即‘辞之是’，辞要以《左传》《史记》唐宋八大家文等为文章之典范。简言之，‘清真雅正’之八股文，就是要用简洁、典雅、畅达之语言来阐述士子所领悟到之孔孟、程朱之学。”

为了使倪应颐和李昌祺对“清真雅正”四字加深印象，何桂清还给他们讲述了嘉庆七年（1801年）壬戌科进士、著名学者、福建人梁章钜三次会试不第的故事：

梁章钜第一次参加会试是乾隆六十年（1795年）乙卯科，房考官胡果泉师（克家）对他的试卷的批语是：“文笔清矫”。因此没有考中。梁章钜第二次参加会试是嘉庆元年（1796年）丙辰科，李石农师（峦宜）对他的试卷的批语是：“格老气清”。因此也没有考中。梁章钜第三次参加会试是嘉庆四年（1799年）己未科，吴寿庭师（树萱）对他的试卷的批语是：“词义清醇”。因此仍然没有考中。梁章钜每次落第领回落卷后，都要将落卷呈先资政公观看，请他指教。有一天，先资政公将梁章钜的三份落卷对比着又从头到尾地仔细看了一遍，便笑着对梁章钜说：“功令以‘清真雅正’四字宣示艺林，而汝文只得头一字，毋怪其三战而三北也。”梁章钜恍然大悟，知道了自己三次落第的原因，从此写文章便在真、雅、正三个字上狠下功夫。嘉庆七年（1802年）壬戌科会试，总裁为著名学者纪昀，梁章钜知道纪晓岚最恨短篇假古文字，作文时尽力克服这种文风，便果然高中了进士。

倪应颐、李昌祺二人听了何桂清的高论以及梁章钜三次落第的故事，也恍然大悟。李昌祺因与何桂清是邻居，“近水楼台先得月”，他差不多每天都登门向何桂清求教。他觉得听何桂清的讲解，远比听书院山长的讲解更易懂、更实用。倪应颐也隔三差五地登门向何桂清求教，他觉得听何一席话胜读十年书。而何桂清见他们二人如此好学，且有较高的悟性，更是使出浑身解数，尽心尽力地指导他们。他还将他们二人的许多文章以及落卷认真批阅，当面指点。

何桂清回籍守制不久，云贵总督林则徐、云南提学使陈庆松便登门邀请何桂清到五华书院讲学。何桂清早就与林则徐有交往，他对林则徐佩服得五体投地。尤佩服林则徐主持己卯科云南乡试的取士眼光（该科乡试，林则徐选拔了黄琮、张晋熙、戴絧孙、池生春、杨国翰、李士林、毕光荣、杨际泰、梁之儒、汪自修、谢长年、谭精品、李樾、黄初、张子淳、张相侯等优秀人才。这些人后来都考中进士，其中的黄琮、张晋熙等人还是正二品或从二品高官），力主禁烟和虎门销烟的雄伟气魄（焚烧了外国商人的两万多箱鸦片烟），了解海外诸国的博学多才（主持编写《四洲志》，介绍世界地理）。他一直尊林则徐为前辈，对林则徐十分恭敬。见林公竟亲自登门邀请，便一口应诺了。此后，何桂清到五华书院讲学之余，便经常至总督衙门向林则徐请教洋务以及探讨如何对付西方列强的坚船利炮。二人对魏源新著的《海国图志》都赞赏不已，认为“师夷长技以制夷”之论，实为抵御西人入侵之良策。

昔日的昆明神童，如今的二品高官，博学的山东学政，资深的两试考官何桂清，丁忧回籍的消息，不久便传遍了昆明。昆明的许多落第秀才、新老举子纷纷登门求教。诲人不倦、没有官架子的何桂清只要有暇，也来者不拒，并因人施教地进行指点。在登门求教的士子中，以毕应宸、宋来宾二人悟性最高，毕应宸还家学渊源。因此，只要何桂清稍加点拨，二人便立即心领神会。

一天，李昌祺带领着几个落第秀才来向何桂清请教如何写八股文。

何桂清道：“八股文成功或失败之关键，在于破题。破题要在开头前两句把一篇文章之中心主旨说出来，让人一看就知道整个文章是何意思，但又不能直接说出题意，否则就称之为‘骂题’。破题之方法颇多，常见者有：明破、暗破、顺破、倒破、正破、反破、分破、对破等。明破者，就本题字明明破出，如‘孝弟字即破孝悌，道德字即破道德是也’。暗破者，则将题目字暗暗点换，如‘孝弟类以伦字代之，道德类以理字代之是也’。八股文文题形式颇多，不同之题目其破题有不同之要求，简而言之：长题之破贵简括，搭题之破贵浑融，大题之破贵冠冕，小题之破贵灵巧，其要在于将题目之意义破开。就某一类型之题目而言，破题之方法也较多，如单题之破法就多达六种：或首句破题面，次句破题意，或首句破题意、次句破题面，或两句折破题面而藏题意题神，或明破，或暗破亦间用反破。破题之后，全文就要紧紧围绕破题进行阐述。因《四书》文之释义标准为朱熹之《四书集注》，故破题之下，就是承题。承题是对破题之主旨加以引申说明，使破题之意义更加明白、完整……”

何桂清将写作八股文的关键之处向李昌祺等人讲解后，又以嘉庆十三年（1808年）戊辰科进士、云南蒙自人王会清的会试朱卷为例，进行点评。

何桂清道：“戊辰科会试之主考官为董浩、邹炳泰、季堃、顾德庆。首场题目之一为《德者本也，财者末也》，该题为截上下两扇题，平正。题出《大学》第十章《释‘治国平天下’》，原文为：‘是故君子先慎乎德，有德此有人，有人此有土，有土此有财，有财此有用。德者本也，财者末也。外本内末，争民施夺。是故财聚则民散，财散则民聚。是故言悖而出者，亦悖而入；货悖而入者，亦悖而出。’王会清破题道：‘为平天下者言本末，而德重于财矣。’此破题，乃明破，重在本末。王会清之承题，进一步解释说明德重于财之原因：‘盖德者絜矩之原，而财则因德而有者也。明其本末，平天下者可不知所先哉。’……王会清之收结，简洁有力，仅二十二字便总结了全文之主旨：‘本也、末也，诚辩之不可不早也。而吾之何有外本内末者。’统而观之，该文理醇脉正、丝丝入扣、词锋挺拔、元气浑沦，是一篇较好之八股文。故房考官加批：‘经经纬史，理足神完，文品在黄冈石台之间。’聚奎堂原批：‘谐畅明通，十分圆足。’”

经何桂清重点辅导或指教的李昌祺、倪应颐、毕应宸、宋来宾等十多人，后来有四人考中进士，五人考中举人。由于这些人的传扬和渲染，何桂清的课士大名便在昆明传开了，被称为百年难遇之良师，没有考中举人、进士的士子都巴不得何桂清早日回归故里，好追随在身边随时讨教。

毕应宸，道光二十九年（1849年）己酉科云南乡试考中了举人。道光三十年庚戌科又考中第二甲第十八名连捷进士，选翰林院庶吉士，散馆授职翰林院编修。后来官至江南道御史，著有《悔斋诗钞》四卷等。

宋来宾，道光二十九年（1849年）己酉科云南乡试考中了举人。道光三十年庚戌科又考中第三甲第六十一名连捷进士，后官至知州。

李昌祺，道光二十九年（1849年）己酉科云南乡试考中了举人。咸丰二年（1852年）壬子恩科又考中第三甲第一百零三名进士。

倪应颐，咸丰二年（1852年）壬子恩科考中第三甲第一百二十五名进士。后出任湖北大冶县知县。咸丰十一年（1861年），倪应颐与把总蔡绍阳，参将温发魁进剿盘踞在县城东梅山寺的太平军，太平军战败逃窜，倪应颐在追击太平军时中弹身亡。倪应颐死后，诏建专祠，赠知府衔，赐恤云骑尉。倪应颐为云南著名书法家，行草法苏东坡，楷书在欧颜之间。昆明西山龙门有倪应颐题书的“达天阁”等。

诗书名家

何桂清大器早成，青年时代便成为了小有名气的诗人和书法家。他的诗书受到了著名诗人和书法家何绍基的称赞。

何桂清出身寒门，对民间的疾苦有深切的感受，自幼便对“穷年忧黎元，叹息肠内热”的杜甫特别尊崇；对各体诗皆佳、“沉郁顿挫”的杜诗特别酷爱。杜诗流传下来的有一千四百多首，何桂清凭着惊人的记忆力和异常的勤奋，在青少年时代，就将诗圣的这一千四百多首诗读得滚瓜烂熟、倒背如流。

道光二十四年（1844年）五月，在京城任太仆寺少卿（正四品）、年仅二十八岁的何桂清被任命为甲辰恩科广东乡试的正主考，这是何桂清第三次出任乡试的主考官。从京城至广州有数千里之遥，为排解旅途的寂寞和记录旅途的观感，已经五年没有写诗的何桂清又拿起笔来，开始写诗了。写点什么诗好呢？在何桂清看来，凡文人都能写诗，写几首诗乃至刻印一本诗集都算不了什么，不能显示出自己的能耐和特长，不如集杜诗的七言、五言、杂言以成七律、五律、杂咏，方能独树一帜显示出自己对杜诗研究的深厚功底。主意既定，何桂清在旅途中便不随意作诗，而是集句为诗了。

中国最早的集句诗，是西晋傅咸的《七经诗》，比较有名的集句诗集是南宋文天祥的集句诗集。集句成诗束缚很多，比创作一首诗困难得多。首先，该集句必须像一首完整的诗，必须有诗味；各句组合成一首诗后，必须合乎题意。其次，该诗必须符合七律或五律的诗韵、平仄、对仗。古代文人搜寻前人的诗句，拼凑成一首诗，虽然比创作一首诗更难，但尽力而为，似乎也不十分困难。困难的是：所拼凑的不是一首诗，而是数首诗；所集之句，不是众人的诗句，而是一个人的诗句；集成的集句诗集不是单一的一种诗体，而是多种诗体。何桂清在旅途中和广州写成的一百多首七律、五律、杂咏，他合编为《使粤吟》。该诗集中的每一句诗，均摘自杜甫一个人的诗句，且是触景生情、有感而发。正如何桂清自己在该诗集的附记中所说："凡一事、一物、一情、一景，非耳目真见闻，句虽佳不用，每首中亦无两句出一诗者。岂敢求工？亦借以写其心之所欲言而已！"

《使粤吟》诗稿分上、中、下三卷。卷上为"集杜七律"，卷中为"集杜五律"，卷下为"集杜杂咏"。当何桂清将诗稿拿给广东的一些名士观看时，他们都被何桂清的学识和诗才惊呆了，称其为天才，纷纷建议何桂清将诗稿刻印传世。《使粤吟》于道光二十四年（1844年）刻印时，乡试临监程矞采（程矞采，江西新建人，道光二十九年（1849年）官至云贵总督）在该诗集的跋中言："《使粤吟》三卷，体编五七言，皆集老杜而成文。夫集古之难倍于自作，非读破万卷、精心独运，殆不能工。而其中所历，为程八千里，为时数十日，不特指事类情一一如自其口出，且民生国计有关大体者，时时见于言表，此不徒袭浣花之貌，实能得浣花之心。"广西临桂名士白从瀛在该诗集的序中云："何根云先生，海内之名士也，出其途中，集杜诗一百余首见示。一再读之，叹其天衣无缝、脱口如生，已骇为天才矣！而忠君爱国之忱、仁民爱物之隐，有流露于不自知者，则经术宏焉，且诗中引用皆确切，天时人事，凡目所未见，耳所未闻，与夫非其诗之所有，非其地之所生者，概置弗道，不肯作一诳语，是又圣贤去伪存诚之诣也。”广东番禺名士张维屏对《使粤吟》的评价更高，他在该诗集的序中说：“太仆何根云先生典试来粤，撤棘后枉过，出集杜诗三卷见示，屏受而读之，叹为前此集杜者所未有也。集杜以文文山为最著，然文山集杜有五言，无七言，且篇虽二百之多，诗皆两韵而止。自宋迄今，为此者殆未易更仆数，然大都咏怀寓感，虽有题，实无题，题宽则易于取句，事广则易以成篇，若是，故集杜不难也。先生之集杜则不然，诗必有题，题必有事；因题选句，句必切题；因事遣辞，辞必切事，是盖平日读杜诗时，早与老杜心心相印，故能温故知新，食古而化，左宜右有，资深逢原。觉从前集杜皆易，是编集杜独难；从前集杜皆因，是编集杜若创，且因是编愈见杜诗大，无不该细，无不贯方诸江河，波澜不竭，譬之日月，光景常新。古书皆然，奚独杜集？然则，先生每读一书，必能与古人心心相印，皆有温故知新、资深逢原之乐，固可即集杜一端而类推之。”

《使粤吟》的序跋虽然盛赞了该诗集，但没举实例以证之。为了充分展现何桂清的学识和诗才，我们挑选诗集中的四首七律、六首五律略加剖析。

七律是七言律诗的省称。七言律诗每句为七字，由八句组成，共五十六字，有四韵或五韵。一、二两句称为首联，三、四两句称为颔联，五、六两句称为颈联，七、八两句称为尾联。七言律诗的颔联和颈联必须对仗，即第三句与第四句对仗、第五句与第六句对仗。一般首尾两联不对仗，但也有变例，或颈联不对仗，或尾联用对仗，首联对仗的较少见。所谓四韵，指的是第二、四、六、八句押韵；所谓五韵，指的是第一、二、四、六、八句押韵。七言律诗必须符合平仄要求，平仄定格有四种样式：一、首句平起入韵式，即(平)平(仄)仄仄平平，(仄)仄平平仄仄平。(仄)仄(平)平平仄仄，(平)平(仄)仄仄平平。(平)平(仄)仄平平仄，(仄)仄平平仄仄平。(仄)仄(平)平平仄仄，(平)平(仄)仄平平。二、首句平起不入韵式，即(平)平(仄)仄平平仄，(仄)仄平平仄仄平。(仄)仄(平)平平仄仄，(平)平(仄)仄仄平平。(平)平(仄)仄平平仄，(仄)仄平平仄仄平。(仄)仄(平)平平仄仄，(平)平(仄)仄仄平平。三、首句仄起入韵式，即(仄)仄平平仄仄平，(平)平(仄)仄仄平平。(平)平(仄)仄平平仄，(仄)仄平平仄仄平。(仄)仄(平)平平仄仄，(平)平(仄)仄仄平平。(平)平(仄)仄平平仄，仄(仄)平平仄仄平。四、首句仄起不入韵式，即(仄)仄(平)平平仄仄，(平)平(仄)仄仄平平。(平)平(仄)仄平平仄，(仄)仄平平仄仄平。(仄)仄(平)平平仄仄，(平)平(仄)仄仄平平。(平)平(仄)仄平平仄，(仄)仄平平仄仄平。这四种样式中，凡画圈处，则可平可仄。下面以何桂清的四首七言律诗（《奉恩命典试粤东恭纪十首》，选四首）为例略加剖析：

其 一

退食从容出每迟，碧梧棲老凤凰枝。
主恩前后三持节，独立苍茫自咏诗。
云物不殊乡国异，天颜有喜近臣知。
致身福地何萧爽，古往今来共一时。

这首七言律诗属首句仄起入韵式，第一、二、四、六、八句押韵，押支韵。首联的上句（第一句）“退食从容出每迟”，出自杜甫的《宣政殿退朝晚出左掖》一诗。这句诗的大意是：从宣政殿退朝，经常很晚才回家。这里喻指何桂清政务繁忙、工作勤勉，常常工作到很晚才回家。首联的下句（第二句）“碧梧棲老凤凰枝”，出自杜甫的《秋兴八首》之八。这句诗的大意是：这里的梧桐树曾经栖宿过凤凰。这里喻指何桂清很喜爱他的工作岗位和工作环境。颔联的上句（第三句）“主恩前后三持节”，出自杜甫的《诸将五首》之五。这句诗的大意是：唐王朝对严武很倚重，曾派遣御史中丞严武到蜀任绵州刺史，不久又升迁严武为东川节度使、成都尹。后来，严武又以黄门侍郎任剑南节度使，所以说严武曾“三持节”。这里喻指道光皇帝很信任年轻有为的何桂清，曾经前后三次任命何桂清为乡试的主考官，为国家选拔优秀的人才。何桂清第一次任乡试的主考官是道光十七年（1837年），这一年，二十一岁的何桂清被任命为丁酉科河南乡试的副主考；何桂清第二次任乡试的主考官是道光十九年（1839年），这一年，何桂清被任命为已亥科贵州乡试的正主考；何桂清第三次任乡试的主考官，便是写作这一首诗的时候，即道光二十四年，故云："主恩前后三持节。"如此集杜诗，可谓十分贴切。颔联的下句（第四句）"独立苍茫自咏诗"，出自杜甫的《乐游园歌》。这一句诗的大意是：一个人喝醉酒，就可以忘记各种束缚，自由自在地歌唱了。这里喻指何桂清离开京城，前往遥远的广东，就可以摆脱复杂的人际关系和各种干扰，放开手脚公正地为国家选拔人才了。按照律诗的规定，颔联的上下两句应该对仗，该联基本符合这一规定，属于宽对。颈联的上句（第五句）"云物不殊乡国异"，出自杜甫的《小至》。这一句诗的大意是：外地的景物与京城不相同。这里喻指何桂清身在异地，心忧朝廷。颈联的下句（第六句）"天颜有喜近臣知"，出自杜甫的《紫宸殿退朝口号》。这一句诗的大意是：皇上的心思近臣大体能够了解。这里喻指何桂清不辜负皇上的希望，要为国家尽力选拔人才。按照律诗的规定，颈联的上下两句应该对仗，该联符合这一规定，属于宽对。尾联的上句（第七句）"致身福地何萧爽"，出自杜甫的《元都坛歌寄元逸人》。这一句诗的大意是：身在洞天福地心情很愉快。这里喻指何桂清对主持乡试的使命，感到胜任愉快。尾联的下句（第八句）"古往今来共一时"，出自杜甫的《可叹》。这一句诗的大意是：从古至今，事物都在变化。这里喻指人逢喜事精神爽，无论古人、今人都是如此。

其 二

仙侣同舟晚更移，数篇今见古人诗。
独当省署开文苑，会送夔龙集凤池。
翅在云天终不远，旧穿杨叶真自知。
别裁伪体亲风雅，万一皇恩下玉墀。

这首七言律诗仍属首句仄起（因第一个字，可仄可平，故本该用仄声字，改用了平声字）入韵式，第一、二、四、六、八句押韵，押的仍是支韵。首联的上句（第一句）“仙侣同舟晚更移”，出自杜甫的《秋兴八首》之八。这句诗的大意是：游玩的伴侣，轻松愉快，飘飘欲仙，天色已晚，还移棹他游，乐而忘返。这里喻指何桂清等众考官阅读诸生的考卷废寝忘食。首联的下句（第二句）“数篇今见古人诗”，出自杜甫的《解闷十二首》之五。这句诗的大意是：孟云卿的诗有汉、魏时代古诗的风格。这里喻指何桂清等众考官在考卷中发现了一些具有古风的佳作。颔联的上句（第三句）“独当省署开文苑”，出自杜甫的《解闷十二首》之四。这句诗的大意是：尚书省水部是薛据等文人聚集的地方。这里喻指乡试时，省城广州的贡院是文人聚集的地方。颔联的下句

（第四句）“会送夔龙集凤池”，出自杜甫的《紫宸殿退朝口号》。这句诗的大意是：到政事堂见宰相。这里喻指好的考卷都汇集到了主考官的案几上。按照律诗的规定，颔联的上下两句应该对仗，该联完全符合这一规定，属于工对。颈联的上句（第五句）“翅在云天终不远”，出自杜甫的《官池春雁二首》之二。这句诗的大意是：春雁在天空中尽力远飞。这里喻指考生在考场上竭尽全力发挥特长。颈联的下句（第六句）“旧穿杨叶真自知”，出自杜甫的《醉歌行》。这句诗的大意是：春秋战国时期，楚国的神箭手养由基，能距柳叶百步之远射柳叶，百发百中。这里喻指考场上的佼佼者，凭借深厚的功底，便能够中举。按照律诗的规定，颈联的上下两句应该对仗，该联大体符合这一规定，属于宽对。尾联的上句（第七句）“别裁伪体亲风雅”，出自杜甫的《戏为六绝句》之六。这句诗的大意是：区别和裁汰在形式和内容上模拟他人的文章以及没有真实内容的文章，亲近像《诗经》那样的好文章。这里喻指何桂清等考官裁汰不好的考卷，挑选像《诗经》那样“思无邪”的佳卷。尾联的下句（第八句）“万一皇恩下玉墀”，出自杜甫的《青丝》。这句诗的大意是：当初，皇上派遣裴遵庆诣仆固怀恩讽令入朝，又下诏称其勋劳，许以但当诣阙，更勿有疑，而仆固怀恩不从，故特以此晓谕。这里可能是喻指：应该公正无私地为国家选拔人才，以免受到皇上的斥责。

其 三

咫尺应须论万里，喧喧道路多歌谣。
窃攀屈宋宜方驾，未有涓埃答圣朝。
叹彼幽棲载典籍，独能无意向渔樵。
偶然擢秀非难取，南海明珠久寂寥。

这首七言律诗属首句仄起不入韵式，第二、四、六、八句押韵，押萧韵。首联的上句（第一句）“咫尺应须论万里”，出自杜甫的《戏题王宰画山水图歌》。这句诗的大意是：别看只是咫尺之间，画图的气势应当有万里。这里有可能是喻指：贡院虽小，但里面的动静却牵动着成千上万个人的神经。首联的下句（第二句）“喧喧道路多歌谣”，出自杜甫的《承闻河北诸道节度入朝欢喜口号绝句十二首》之三。这句诗的大意是：河北诸道节度使唱着歌谣前往京师朝见皇帝。这里有可能是喻指：何桂清等众多主持乡试的官员热热闹闹地进入贡院。颔联的上句（第三句）“窃攀屈宋宜方驾”，出自杜甫的《戏为六绝句》之五。这句诗的大意是：私下追攀屈原、宋玉，想与他们并驾齐驱。颔联的下句（第四句）“未有涓埃答圣朝”，出自杜甫的《野望》。这句诗的大意是：没有对国家做出丝毫的贡献。颔联的上下两句是何桂清的自谦之辞，其大意是：我努力向古代的圣贤学习，以他们为榜样，但遗憾的是，没有做出微小的业绩报答皇恩。按照律诗的规定，颔联的上下两句应该对仗，该联大体符合这一规定，属于宽对。颈联的上句（第五句）“叹彼幽栖载典籍”，出自杜甫的《寄柏学士林居》。这句诗的大意是：天下读书人因战乱而到处奔波时，柏学士却能载书而隐。颈联的下句（第六句）“独能无意向渔樵”，出自杜甫的《赠田九判官梁邱》。这句诗称赞梁邱在国难当头之际，不选择隐居，而是到哥舒翰的军营里为国家效力。何桂清摘句而成的这一颈联，颇费解，大约是说：个别考卷有与众不同的见解，多数考卷则是人云亦云。按照律诗的规定，颈联的上下两句应该对仗，该联大体符合这一规定，属于宽对。尾联的上句（第七句）“偶然擢秀非难取”，出自杜甫的《醉歌行》。这句诗的大意是：识别并提拔人才，并非很困难。尾联的下句（第八句）“南海明珠久寂寥”，出自杜甫的《诸将五首》之四。这句诗的大意是：南海出产的珍宝明珠，因边郡不宁，已很久没有向朝廷进贡了。何桂清摘句而成的这一尾联，大约是说：只要考官有眼力和出自于公心，就能识别和挑选出优秀的考卷，避免广东的人才被长久埋没。

其　九

花边立马簇金鞍，百遍相看意未阑。
岂有文章惊海内，也从江槛落风湍。

诸生颇尽新知乐，直道无忧行路难。
舟楫眇然自此去，遥看直北是长安。

这首七言律诗属首句平起入韵式，第一、二、四、六、八句押韵，押寒韵。首联的上句（第一句）“花边立马簇金鞍”，出自杜甫的《严公仲夏枉驾草堂，兼携酒馔，得寒字》。这句诗形容严公来访的排场十分讲究。首联的下句（第二句）“百遍相看意未阑”，出自杜甫的《遣闷戏呈路十九曹长》。这句诗比喻感情深厚，依依不舍。何桂清摘句而成的这一首联，大约是说：乡试结束后，为何桂清送行的场面十分壮观，彼此都依依难舍。颔联的上句（第三句）“岂有文章惊海内”，出自杜甫的《宾至》。这句诗是杜甫的自谦之辞，意思是：我并没有写出震惊海内的文章。颔联的下句（第三句）“也从江槛落风湍”，出自杜甫的《将赴成都草堂，途中有作，先寄严郑公五首》之四。这句诗的大意是：我自己设置的江槛（防止沙岸不崩塌的水槛）也只好任凭风湍的侵袭了。何桂清摘句而成的这一颔联，大约是说：这次典试广东，鄙人仅是尽职尽责地选拔了一些人才，至于是非功过，只好让世人评说了。按照律诗的规定，颔联的上下两句应该对仗，此联大体符合这一规定，属于宽对。颈联的上句（第五句）“诸生颇尽新知乐”，出自杜甫的《薛端薛復筵简薛华醉歌》。这句诗的大意是：薛端等年轻人满足于新知的快乐。颈联的下句（第六句）“直道无忧行路难”，出自杜甫的《人日二首》之二。这句诗的大意是：豪情满怀，没有意识到行路的艰难。何桂清摘句而成的这一颈联，大约是说：新中式的举人都沉浸在欢乐中，还没有意识到会试之路既漫长又艰难。按照律诗的规定，颈联的上下两句应该对仗，该联大体符合这一规定，属于宽对。尾联的上句（第七句）“舟楫眇然自此去”，出自杜甫的《晓发公安》。这句诗的大意是：乘坐着小船浪迹江湖。尾联的下句（第八句）“遥看直北是长安”，出自杜甫的《小寒食舟中作》。杜诗的原句一般是“愁看直北是长安”，这一字之差，大约是《使粤吟》刻印有误，或所依据的版本不同，或何桂清的记忆有误。这句诗的大意是：十分遥远的正北面，便是京城长安。何桂清摘句而成的这一尾联，其大意是：虽然正北面便是北京城，但距粤地还有几千里之遥。

五律是五言律诗的省称。五言律诗每句为五字，由八句组成，共四十字。五言律诗的规定和要求大体与七言律诗相同。五言律诗的平仄定格也有四种样式：一、首句仄起不入韵式，即(仄)仄平平仄，平平仄仄平。(平)平平仄仄，(仄)仄仄平平。(仄)仄平平仄，平平仄仄平。(平)平平仄仄，(仄)仄仄平平。二、首句仄起入韵式，即(仄)仄仄平平，平平仄仄平。(平)平平仄仄，(仄)仄仄平平。(仄)仄平平仄，平平仄仄平。(平)平平仄仄，(仄)仄仄平平。三、首句平起不入韵式，即(平)平平仄仄，(仄)仄仄平平。(仄)仄平平仄，平平仄仄平。(平)平平仄仄，(仄)仄仄平平。(仄)仄平平仄，平平仄仄平。四、首句平起入韵式，即平平仄仄平，㊀仄仄平平。㊀仄平平仄，平平仄仄平。㊁平平仄仄，㊀仄仄平平。仄仄平平仄，平平仄仄平。下面以何桂清的六首五言律诗为例略加剖析：

徐州怀古五首（选二）

其　一

天畔登楼眼，兴衰看帝王。
风尘三尺剑，下悯万民疮。
国有乾坤大，氛迷日月黄。
芒砀云一去，世事两茫茫。

这首五言律诗属首句仄起（因这一句的第一个字可仄可平，故本该用仄声的，改用了平声字）不入韵式，第二、四、六、八句押韵，押阳韵。首联的上句（第一句）“天畔登楼眼”，出自杜甫的《春日梓州登楼二首》之二。这句诗的大意是：在边远的梓州，登楼临窗。首联的下句（第二句）“兴衰看帝王”，出自杜甫的《入衡州》。这句诗的大意是：朝代的兴衰由帝王决定。何桂清摘句而成的这一首联，抒发了登高望远的感慨：朝代兴衰在帝王。颔联的上句（第三句）“风尘三尺剑”，出自杜甫的《重经昭陵》。这句诗说汉高祖刘邦奋三尺之剑斩蛇起义。颔联的下句（第四句）“下悯万民疮”，出自杜甫的《壮游》。这句诗表达了杜甫对饱受战乱之苦的百姓的同情。何桂清摘句而成的这一颔联，由徐州是兵家必争之地，抒发了对历史上饱受战乱之苦的百姓的同情。按照律诗的规定，颔联的上下两句应该对仗，该联大体符合这一规定，属于宽对。颈联的上句（第五句）“国有乾坤大”，出自杜甫的《奉汉中王手札》。这句诗的大意是：国家数天地为大。颈联的下句（第六句）“氛迷日月黄”，出自杜甫的《送灵州李判官》。这句诗的大意是：弥漫着的凶气，使日月发黄。何桂清摘句而成的这一颈联，大意是：弥漫在天地之间的凶气或雾气，使日月发黄。按照律诗的规定，颈联的上下两句应该对仗，此联大体符合这一规定，属于宽对。尾联的上句（第七句）“芒砀云一去”，出自杜甫的《遣怀》。诗的大意是：芒砀二山的云气消散了。尾联的下句（第八句）“世事两茫茫”，出自杜甫的《赠卫八处士》。这句诗的大意是：两地的人事又音信渺茫。何桂清摘句而成的这一尾联，大意是：聚集在徐州之西，芒砀二山的云气，早就消散了（指汉高祖刘邦早就离开了芒砀二山），古今的人事已经变得很渺茫了。

其　二

楚汉休征讨，超然欢笑同。
指挥存顾托，驾驭必英雄。

霖雨思贤佐，安危在数公。

眼前今古意，涕泪落秋风。

这首五言律诗属首句仄起不入韵式，第二、四、六、八句押韵，押东韵。首联的上句（第一句）“楚汉休征讨”，出自杜甫的《园人送瓜》。这句诗的大意是：项羽、刘邦之间的楚汉战争已经成为往事。首联的下句（第二句）“超然欢笑同”，出自杜甫的《苦雨奉寄陇西公兼呈王徵士》。这句诗的大意是：久别忽然相逢，彼此都十分高兴。何桂清摘句而成的这一首联，大意是：太平盛世大家都十分高兴。颔联的上句（第三句）“指挥存顾托”，出自杜甫的《过郭代公故宅》。这句诗的大意是：实现了唐睿宗传位于子的付托。颔联的下句（第四句）“驾驭必英雄”，出自杜甫的《投赠哥舒开府翰二十韵》。这句诗的大意是：所驾驭的都是哥舒翰这样的英雄。何桂清摘句而成的这一颔联，到底喻指何人、何事，十分费解，不敢胡乱附会。按照律诗的规定，颔联的上下两句应该对仗，此联大体符合这一规定，属于宽对。颈联的上句（第五句）“霖雨思贤佐”，出自杜甫的《上韦左相二十韵》。这句诗的大意是：唐玄宗天宝十三年（754年）秋，雨连下六十天不止，损害了农民的庄稼。玄宗认为是所选任的宰相陈希烈不称职，罢免陈希烈，委任韦见素为相。颈联的下句（第六句）“安危在数公”，出自杜甫的《收京》。这句诗的大意是：广德元年（763年）十月，郭子仪收复京城，国家的安危完全仰仗郭子仪等人。何桂清摘句而成的这一颈联，有可能是喻指：西汉吴王、刘濞等七国之乱，汉景帝诛杀主张削藩的晁错，任用周亚夫等平定七国之乱的往事。按照律诗的规定，颈联的上下两句应该对仗，该联大体符合这一规定，属于宽对。尾联的上句（第七句）"眼前今古意"，出自杜甫的《怀灞上游》。这句诗的大意是：饱览了古今的沧桑。尾联的下句（第八句）"涕泪落秋风"，出自杜甫的《社日两篇》下篇。这句诗描写杜甫秋祀时的伤感。何桂清摘句而成的尾联，描写何桂清对徐州古今沧桑的伤感。

过　江

敧侧风帆满，波澜独老成。
长为万里客，一望九江城。
吴楚东南坼，飞腾战伐名。
青山各在眼，因见古人情。

这首五言律诗属首句仄起不入韵式，第二、四、六、八句押韵，押庚韵。首联的上句（第一句）"敧侧风帆满"，出自杜甫的《过南岳入洞庭湖》。这句诗的大意是：风吹得船帆倾斜。首联的下句（第二句）"波澜独老成"，出自杜甫的《敬赠郑谏议十韵》。宋代赵次公对该句诗有注释，云：波澜，言语源之浩汗，既有波澜而又老成，则不徒为泛滥矣。盖波澜则后者容有之，而老成难得也。何桂清摘句而成的这一首联，其大意可能是：江上风急浪大，但经验丰富的老艄公却从容不迫。颔联的上句（第三句）“长为万里客”，出自杜甫的《中夜》。这句诗的大意是：长年累月地在异乡到处漂泊。颔联的下句（第四句）“一望九江城”，出自杜甫的《绝句三首》。这句诗的大意是：船终于驶出了三峡，看见了江陵。何桂清摘句而成的这一颔联，有可能是说：长久在异乡漂泊的九江人，终于看见了家乡。按照律诗的规定，颔联的上下两句应该对仗，该联大体符合这一规定，属于宽对。颈联的上句（第五句）“吴楚东南坼”，出自杜甫的《登岳阳楼》。这句诗的大意是：东面的古代吴国与南面的古代楚国，在这里分界。颈联的下句（第六句）“飞腾战伐名”，出自杜甫的《公安县怀古》。这句诗的大意是：东吴吕蒙战功显赫。何桂清摘句而成的这一颈联，有可能是说：九江是春秋时吴楚两国的交接之地，有许多名将在这里屡建奇功。按照律诗的规定，颈联的上下两句应该对仗，该联勉强符合这一规定，属于宽对。尾联的上句（第七句）“青山各在眼”，出自杜甫的《峡隘》。这句诗的大意是：船驶出三峡，从峡口至荆州，两岸的青山绵延不断。尾联的下句（第八句）“因见古人情”，出自杜甫的《送远》。这句诗的大意是：送别已成为往事，但仍然满怀惜别之情。何桂清摘句而成的这一尾联，有可能是说：目送着渐渐远离小船的九江城，仍然有一些依依难舍。

陶渊明故里

回首大江滨，临江卜宅新。
看花随节序，嗜酒见天真。
愚意会所适，先生艺绝伦。
谢庭瞻不远，俱是避风尘。

这首五言律诗属首句仄起（因第一个字可仄可平，故本该用仄声字，改用了平声字）入韵式，第一、二、四、六、八句押韵，押的是真韵。首联的上句（第一句）“回首大江滨”，出自杜甫的《送陵州路使君之任》。这句诗的大意是：回头眺望在涪江之滨的梓州。首联的下句（第二句）“临江卜宅新”，出自杜甫的《有客》。这句诗的大意是：在江边择地而建的新住宅。何桂清摘句而成的这一首联，其大意是：浔阳柴桑江边的陶渊明故居很引人注目。颔联的上句（第三句）“看花随节序”，出自杜甫的《庭草》。这句诗的大意是：庭院里的花草节序来到时，才盛开。颔联的下句（第四句）“嗜酒见天真”，出自杜甫的《寄李十二白二十韵》。这句诗的大意是：李白在喝醉酒时，愈发显现出了他那天真的本性。何桂清摘句而成的这一颔联，其大意有可能是：采菊东篱下和喝醉酒的陶渊明，愈发显现出了他那天真的本性。按照律诗的规定，颔联的上下两句应该对仗，该联大体符合这一规定，属于宽对。颈联的上句（第五句）“愚意会所适”，出自杜甫的《大云寺赞公房四首》之一。这句诗的大意是：向往的是自由自在。颈联的下句（第六句）“先生艺绝伦”，出自杜甫的《寄张十二山人彪三十韵》。这句诗的大意是：张先生有绝伦的技艺。何桂清摘句而成的这一颈联，赞扬陶渊明超凡脱俗的诗才。按照律诗的规定，颈联的上下两句应该对仗，该联勉强符合这一规定，属于宽对。尾联的上句（第七句）“谢庭瞻不远”，出自杜甫的《同豆卢峰贻主客李员外贤子棐知字韵》。这句诗颇费解，不敢胡乱解释。尾联的下句（第八句）“俱是避风尘”，出自杜甫的《赠王二十四侍御契四十韵》。这句诗的大意是：杜甫与王侍御都是为了避乱而来到蜀地。何桂清摘句而成的这一尾联所指何人、何事颇费解，不敢胡乱解释。

过　庐　山

似得庐山路，苍茫云雾浮。
乾坤万里眼，落日九江流。
阴壑生虚籁，回风吹早秋。
优游谢康乐，心折此淹留。

这首五言律诗属首句仄起不入韵式，第二、四、六、八句押韵，押尤韵。首联的上句（第一句）“似得庐山路”，出自杜甫的《题玄武禅师屋壁》。按宋代赵次公的注释，这句诗的大意是：所画的画，好像是上庐山的路，这样，就可以寻访惠远大师了。首联的下句（第二句）“苍茫云雾浮”，出自杜甫的《发秦州》。这句诗的大意是：从秦州至同谷的道路上，云雾笼罩，夜色苍茫。何桂清摘句而成的这一首联，大意是：眼前的这条道路，便是登庐山的道路，山上迷漫着茫茫苍苍的云雾。颔联的上句（第三句）“乾坤万里眼”，出自杜甫的《春日江村五首》之一。这句诗的大意是：从蜀江远望，家国距此都很遥远。颔联的下句（第四句）“落日九江流”，出自杜甫的《送李功曹之荆州充郑侍御判官重赠》。这句诗的大意是：落日映照着奔流的九江。何桂清摘句而成的这一颔联，其大意是：远远望去，在天地之间，落日映照着奔流的九江。按照律诗的规定，颔联的上下两句应该对仗，该联符合这一规定，勉强可归入工对。颈联的上句（第五句）“阴壑生虚籁”，出自杜甫的《游龙门奉先寺》。这句诗的大意是：冷风来自于背阴的山壑。颈联的下句（第六句）“回风吹早秋”，出自于杜甫的《夜雨》。这句诗的大意是：一阵阵的凉风预示着秋天已经到来了。何桂清摘句而成的这一颈联，其大意是：从山壑里吹来的一阵阵凉风，预示着秋天已经到来了。按照律诗的规定，颈联的上下两句应该对仗，该联大体符合这一规定，属于宽对。尾联的上句（第七句）“优游谢康乐”，出自杜甫的《石柜阁》。“谢康乐”指谢灵运。谢灵运为谢玄之孙，晋时袭封康乐公，故称谢灵运为谢康乐。这句诗的大意是：当年的谢灵运经常游山玩水，日子过得很优游。尾联的下句（第八句）“心折此淹留”，出自杜甫的《秦州杂诗二十首》之一。“心折”，即心惊肉跳之意。江淹《别赋》：“心折骨惊。”“淹留”，即久留。这句诗的大意是：杜甫因为有吐蕃的骚扰，所以不得不在秦州久留。何桂清摘句而成的这一尾联，其大意是：谢灵运对刘宋的统治不满，并感到自己的地位受到威胁，心生怨恨，便辞职长久逗留在庐山。

来 雁 亭

海内此亭古，何时郡国开。
高秋马肥健，好与雁同来。
斜日当轩盖，阴风过岭梅。
已添无数鸟，羽翼共徘徊。

这首五言律诗属首句仄起不入韵式，第二、四、六、八句押韵，押灰韵。首联的上句（第一句）“海内此亭古”，出自杜甫的《陪李北海宴历下亭》。杜诗的原句是：“海右此亭古”。大约是《使粤吟》刻印有误，或何桂清记忆有误。“海右”，指的是海的右面，即西边；

“此亭”，指的是齐州的历下亭，海在东，齐州在西。这句诗的大意是：齐州的历下亭是一座很古老的亭子。首联的下句（第二句）“何时郡国开”，出自杜甫的《秦州杂诗三十首》之七。这句诗的大意是：此时河北的幽、蓟诸州都被史思明占据，什么时候朝廷才能收复这些地方？何桂清摘句而成的这一首联，“亭”指的是广东南雄的“来雁亭”，南雄位于大海的西边，广东的北部；“何时郡国开”，其意不清。颔联的上句（第三句）“高秋马肥健”，出自杜甫的《留花门》。这句诗的大意是：秋季战马肥健，正是外敌入侵的时候。颔联的下句（第四句）“好与雁同来”，出自杜甫的《舍弟观归蓝田迎新妇，送示二首》之一。这句诗的大意是：杜甫希望弟弟与南飞的秋雁一道回家。何桂清摘句而成的这一颔联，其意思可能是：秋天跟随着南飞的雁子来到了南雄。按照律诗的规定，颔联的上下两句应该对仗，该联大体符合这一规定，属于宽对。颈联的上句（第五句）“斜日当轩盖”，出自杜甫的《奉送郭中丞兼太仆卿充陇右节度使三十韵》。这句诗的大意是：斜日照射着轩盖。颈联的下句（第六句）“阴风过岭梅”，出自杜甫的《秋日荆南述怀三十韵》。这句诗的大意是：阴冷的秋风吹到了梅岭。何桂清摘句而成的这一颈联，其大意是：斜日照射着来雁亭的亭顶，阴冷的秋风已经吹到了百里之外的梅岭。按照律诗的规定，颈联的上下两句应该对仗，该联符合这一规定，属于工对。尾联的上句（第七句）“已添无数鸟”，出自杜甫的《春水》。这句诗的大意是：春天来临时，草堂旁边的水塘引来了许多的水鸟。尾联的下句（第八句）“羽翼共徘徊”，出自杜甫的《述古三首》之三。这句诗的大意是：有得力的左右手相助。何桂清摘句而成的这一尾联，其大意是：过往来雁亭的飞鸟越来越多了，它们成群地往南飞。

从以上分析的这十首诗，可以看出《使粤吟》中的绝大多数诗句，都并非来自杜甫的名篇、名句。究其原因，正如何桂清所说：“凡一事、一物、一情、一景，非耳目真见、真闻，句虽佳不用。”如此严谨的集句成诗，既增加了何桂清完成这一诗集的难度，也使研究《使粤吟》的研究者和一般的读者感到十分费解（笔者所分析的这十首诗，就不一定符合何桂清的原意，只能供读者参考）。在笔者看来，这种集者难为，读者费解，费力难讨好的文字游戏，像何桂清这样颇有诗才的聪明人，似乎不值得将其聪明才智用在这个方面，倒不如在随大流写诗时，创作出几首能与杜诗媲美的好诗来。当然，也许何桂清已经创作出了一些能与杜诗媲美的好诗，却因为各种复杂的原因没有留传下来。

何桂清的书法也颇有成就，是晚清书法名家。何桂清青少年时代，就对唐代著名书法家颜真卿的《多宝塔感应碑》《东方朔画赞》《争座位帖》等名帖推崇备至，曾狠下功夫临摹和深入研究。对苏轼、赵孟頫等著名书法家的书法也十分喜爱。

颜真卿的《多宝塔感应碑》，是颜真卿的楷书名帖，书写于四十三岁时，即唐天宝十一年（752年）。该碑现存西安碑林，故宫博物院藏有宋拓本。清康熙五十一年（1712年）进士、著名书法家王澍认为该碑的书法“疲不剩肉，健不剩骨，以浑劲吐风神，以姿媚含变化，正其年少鲜华时意书也”。

颜真卿的《东方朔画赞》，也是颜真卿的楷书名帖，书写于四十五岁时，即天宝十三年（754年）。该碑在山东德县，中国历史博物馆和故宫博物院均藏有宋代拓本。苏轼在《东坡集》中说：“颜鲁公平生写碑唯《东方朔画赞》为清雄。字间栉比，而不失清远。其后见逸少本（指小楷《东方朔画像赞》），乃知鲁公字临此书，虽大小相悬而气韵良是，非自得于书者，未易为此言也。”

颜真卿的《争座位帖》，亦称《争座位稿》或《与郭仆射书》，则是颜真卿的行草名帖，书写于五十五岁时，即唐代宗广德二年（764年）。原迹已佚，刻石中精者在西安碑林。宋代著名书法家米芾认为：“《争座位帖》有篆籀气，为颜书第一。字相连属诡异飞动得于意外。”清代著名书法家王澍在《竹云题跋》中云：“鲁公《争座位帖》，气格当与《兰亭》并峙，奇古豪宕，学之为难，一旦得手，即随意所之，无往不是。”

何桂清之所以酷爱颜真卿的楷书和行草，并深受其影响，是因为：颜真卿的楷书气势磅礴，雍容伟壮，厚重而古朴，雄秀而端庄；行草秀媚多姿，遒劲郁勃，点画飞扬，骨奇而神秀。

何桂清入仕以后，在京城结识了何绍基，经常与何绍基切磋书法。何绍基（1799~1873年），字子贞，号东洲，湖南道州人，比何桂清年长十七岁，却比何桂清晚一年考中进士。两人的关系十分亲密，还认了本家。何桂清认识何绍基时，何绍基已是清代著名的书法家和著名的诗人了。何绍基的书法，既取各家之长，亦融合各体之奇。其楷书，力厚骨劲，端严遒丽，如《邓君墓志铭》、《封禅书册》（藏故宫博物院）、《黄庭经册》（藏湖南省博物馆）等。行书多参篆意，于纵横欹斜中见规矩，恣肆中透秀逸之气，如《行书诗轴》（藏故宫博物院）、《临王羲之兰亭序》等。隶书变化多奇，临汉碑取其一端，杂以它法，故能脱古而立新，如《临石门颂》参入《礼器》笔法；《临张迁碑》融有篆籀结构。篆书则融钟鼎金文小篆。草书遣篆隶精神于笔端，亦十分精妙。何绍基的楷书和行草对何桂清也产生了较大的影响。何桂清后半生的书法，取各家之长，自成一体，在当时也小有名气，并受到何绍基等人的赞赏。由于何桂清仅是书法名家，尚未能像何绍基那样跻身于书法大家之列，再加上他未能得善终的结局，因此，何桂清的书法作品传世不多，我们仅看见五件。第一、二两件是道光二十六年（1846年）至道光二十八年（1848年）何桂清在山东任学政时，为诸生所写的两篇八股范文《嫂溺》和《故为政在人》；第三件是何桂清于道光二十七年（1847年）二月十七日与友人游泰山时的题词石刻；第四件是何桂清赠送给友人的一副对联；第五件是何桂清于道光三十年（1850年）十二月撰写的、镌刻于昆明西山“老石室”北壁的《重修三清阁石洞序》。

《嫂溺》和《故为政在人》两篇八股范文均为小楷，都是纸本水墨，其尺寸均为纵二十三厘米，横三十八厘米。《嫂溺》的正文共十七行，一至十六行每行二十五个字，末行二十三个字，全文共四百二十三个字。《故为政在人》的正文共十八行，第一行二十五个字，补加了一个漏写的“人”字，实为二十六个字；第二至十七行每行二十五个字；第十八行十三个字，全文共四百三十九个字。这两幅小楷，结字严谨，方中见圆，正而不拘，圆而不媚，雄强茂密，韵致古雅；用笔力厚骨劲、流畅圆润、峭拔秀丽。何桂清的楷书，最注重结字，又讲究用笔，故能雄秀而端庄，雍容而伟壮。这正如冯班在《钝吟书要》中所说：“作字惟用笔与结字，用笔在使尽笔势，然须收纵有度；结字在得其真态，然须映带匀美。”

何桂清的游泰山题词石刻，为楷书。石刻有七行字，一至六行每行十个字，第七行九个字，共六十九个字。该石刻虽然与《嫂溺》和《故为政在人》同为楷书，但字形与书写风格却迥然不同。泰山石刻结字瘦长，结体比两篇八股范文更谨严，笔画也比两篇八股范文更沉着、刚健，显得特别古朴厚重、雄健挺拔，明显受到汉魏六朝碑刻以及唐初书法的影响。

何桂清赠送给友人的对联“丽句妙于天下白；高才俊似海东青”为行草体。该对联的书法笔力遒婉，秀娟而多姿，骨奇而神秀，雄浑纵逸而又不失规矩，潇洒姿肆中透出秀逸之气。

镌刻在昆明西山“老石室”北壁的《重修三清阁石洞序》，其正文有四百三十余字，为行书体。何桂清的这一行书，结字内紧外松，用笔潇洒飘逸、昂藏有态、灵秀绰约。

统而观之，何桂清的各体书法，用笔轻重适宜、肥瘦适中。这正如周星莲在《临池管见》中所说：“用笔之法，太轻则浮，太重则蹶。恰到好处，直当得意。唐人妙处，正在不轻不重之间，重规叠矩，而仍以风神之笔出之。”又正如姜夔在《续书谱·用笔》中所说：“用笔不欲太肥，肥则形浊；又不欲太瘦，瘦则形枯。”由于何桂清深谙书法理论，又勤于实践，因此他的楷书于严谨中有飘扬；行草于潇洒中有规矩；大字如小字之详细曲折；小字似大字之雄奇挺拔，不愧为晚清的书法名家。

有为巡抚

咸丰四年（1854年），三十八岁的何桂清出任浙江巡抚。何桂清在巡抚任上，修葺书院、治理西湖，从严整顿浙江的军队，为江南大营筹军饷和出谋划策，使对太平军作战的江南大营取得了一系列的军事胜利，被公认是一个年轻有为的巡抚。

清咸丰二年十一月（1852年12月），太平军自岳州（今湖南岳阳）水陆两军并进。十二月（1853年1月），占领武汉三镇。咸丰三年正月（1853年2月），太平军水师有船一万艘，载粮食军火物资沿长江东下，陆军配合水军夹两岸前进，水陆号称一百万人，清军闻风丧胆，一触即溃。太平军连克九江、安庆、芜湖、太平，于咸丰三年二月十日（1853年3月19日），攻占江苏江宁（金陵，现名南京），两江总督陆建瀛自杀。太平天国攻陷江宁后，便建都于此，并改名天京。十多天以后，太平军又分军攻占镇江、扬州，完成了以天京为中心，镇江、扬州二城为犄角，长江为纽带的首都防御体系。

咸丰帝闻讯后，忙任命湖北提督向荣为钦差大臣，率军围攻金陵。向荣于咸丰三年四月（1853年5月7日）在金陵城东紫金山孝陵卫建立大营。与此同时，另一个钦差大臣琦善也在扬州城外建立大营，形成南北两大军营隔江遥遥相对的局面，时人便分别以江南、江北大营相称呼。由于长期战乱，清廷的财政十分困难。从咸丰元年到咸丰三年（1851~1853年）之间，清廷先后拨出二千五百万两白银用于围剿太平军。此间，太平军东进东南，朝廷财富所出之区奄有其半，财政收入大大减少。如淮安关因“粤匪东窜，沿东各处戒严，南北商货不能流通，关税几至无征”。九江关年额征银十七万二千余两，盈余三十六万七千两，但所征不足一成。道光三十年（1850年），户部存银尚有八百万两，此后每况愈下。

整个咸丰年间户部年终存银约当道光前期的十五分之一，乾隆中期的四十五分之一。咸丰三年八月（1853年9月），户部奏本月应放支银五十八万多两，而库存仅有四万九千余两。为了解决财政困难，清廷开始放松捐纳银制，“有情殷得缺有效者”，准其报捐各部院京官。笔贴式“以广招徕”。对于各关税收，“则准其改”，定额拨解，盈余分成为“尽征后解”。咸丰三年（1853年），户部奉旨搜罗宫中财货。五月，查明内务府广储司存有金钟三口未用，“熔为金条，以备搭放与银钱通行”。六月，又将圆明园、清漪园、静明园、奉宸苑库存铜器八千七百斤“送往钱局，以资鼓铸”。由于清廷的财政十分困难，无力拨给南北大营粮饷，两大营的粮饷全靠江浙的督抚筹措供给。

咸丰三年四月（1853年5月），年仅三十七岁的二品高官、江苏学政何桂清打破“学政于地方公事不得与闻”的“向例”，上折奏参漕督、江苏巡抚、藩臬两司，以及盐运使等人畏敌潜逃种种情况。何桂清的奏折分析透彻、言简意赅、一语中的，咸丰帝看了何桂清的奏折，由惊奇而赏识，认为何桂清是难得的干吏，打算给予重用。咸丰四年九月（1854年10月），原浙江巡抚黄宗汉调升四川总督，何桂清就被任命为浙江巡抚。

何桂清到杭州赴任的第二天，便前往西湖边“敬一书院”拜谒赵公祠。赵公祠是康熙二十五年（1686年），杭州百姓感念刚离任的浙江巡抚赵士麟的恩德而在书院内专设的一座祭祠。赵士麟（1629~1699年），字麟伯，号玉峰，云南澄江府河阳县（今澄江县）人。康熙三年（1664年）甲辰科进士。中进士后，被任命为贵州平远推官，改补容城令。在容城任上创正学书院，修学宫，治城隍，平狱讼，使民旗无争。严保甲、课农桑，农隙时则导民以武事，政绩卓著。后官至左副都御史，其子赵宸黼康熙三十三年（1694年）进士，选翰林院庶吉士。康熙二十三年（1684年）二月，赵士麟以都察院左都御史到浙江杭州任巡抚。赵士麟认为："养民必先于作士，作士必先于明理。"到任不久，便在西湖边创建"敬一书院"以培养人才。政务繁忙的赵士麟，每月的初一、十五，必抽空亲临"敬一书院"，向诸生讲授"五经""四书"等，"听者莫不心悚"。赵士麟见杭州贫困百姓受高利贷之害，难以生存，便用变卖家产之金，替贫困百姓还债；见豪强、无赖欺行霸市，便制订《抚浙条约》严惩"市虎"；见杭州的大运河各处河道淤塞，又带头捐资治理。赵士麟治浙两年多，惠民的善政不胜枚举，被百姓呼为"赵恩公"。赵士麟离任后，浙人写有两副对联悬挂在"敬一书院"以颂赵士麟的恩德。其一云："德望重东南，想当年恩周万井、泽被六师，知滇水钟灵不偶；功勋垂宇宙，看今日庙貌一新、馨香千古，与孤山屹立俱崇。"其二云："小集借湖山，宦辙聚滇黔万里；大名仰天水，崇祀共苏白千秋。"

何桂清当年在昆明读书时，就闻知赵士麟的大名了，对这位先贤的人品十分景仰。如今又看见杭州百姓将赵士麟与苏东坡、白居易并列称颂，更对赵士麟崇拜得五体投地，决心以赵士麟为楷模，做一个也被浙人赞颂的好官。

何桂清拜谒赵公祠时，见“敬一书院”以及赵公祠因年久失修，有的房屋已经破乱不堪，成了危房，便捐俸对“敬一书院”和赵公祠进行修葺，又增加了杭州各书院的膏火（书院学子的生活费）。当时由于战乱，浙江周边的江苏、江西、安徽的战事很吃紧，何桂清的公务十分繁忙，但他仍效仿赵士麟，每月的初一、十五必到书院课士，向书院的学子讲授“四书”“五经”等儒家经典。由于何桂清曾先后担任过山东学政、江苏学政，对如何课士有丰富的经验。他授课深入浅出、明白晓畅，既能旁征博引，又能用自己读书的经验和体会娓娓而谈，因此何桂清的授课很受士子的欢迎。听何桂清讲学，不少士子都有茅塞顿开、醍醐灌顶之感。听讲士子中后来考中举人、进士者不胜枚举。其中有一位杭州籍学子钟骏声（字雨辰）特别聪慧好学，咸丰十年（1860年）庚申科考中了状元，后来官至侍读学士。

礼贤下士的何桂清在公务之余，还常常登门拜访杭州的一些退休官员和社会贤达，向他们请教如何治浙或探讨学问。如他曾先后拜访过戴熙、劳格等。

戴熙（1801~1860年），字醇士，杭州人。道光十二年（1832年）进士，选翰林院庶吉士，授编修。历任广东任学政、兵部侍郎等职。在广东任学政时，支持和拥护林则徐的禁烟运动。道光二十九年乞休归里，后主讲崇文书院，工诗书画。劳格（1819~1864年），字季言，杭州人，清代史学家、藏书家。著有《唐郎官石柱题名考》《唐御史精舍台题名考》等。

咸丰年间，杭州西湖因多年没整治，湖底的淤泥越积越厚，遇到雨量特大的年份，就会泛滥成灾，淹没农民的田地和湖中的白堤和苏堤。何桂清到任后，挑选农闲之时，征调了数千民工清除湖底的淤泥。由于何桂清没耽误农民的农活，付给民工的报酬又较高，被征调到工地的民工不以为是苦差，反认为是美差，个个高高兴兴而来，欢欢喜喜而归，清除淤泥的工期比预期竟缩短了十多天。不久，何桂清又打算疏通西湖的出水河道，彻底解决西湖的泛滥问题。他还没发告示征调民工，便有近万名民工闻讯而来。何桂清只好将精壮者留下，发点路费给老弱者，劝其回家，老弱者无怨言，都称巡抚大人为人厚道。西湖经何桂清的大力整治，水位下降了，有许多年没有泛滥成灾，周边百姓得以安居乐业。

在军政筹饷等方面，何桂清一方面从严整顿本省的军队。从前的浙江军队，正如他的前任以及浙江的其他官员所说："浙兵软弱，分布巡防有余，调赴征剿则不足。""其骁健者守而不战，日就颓靡；其新招者点名入籍，不复操练，于是有盗薮之兵、有商贾之兵、有公子之兵、有应酬宾客之兵，四者都是不能战之兵，可谓败坏极矣”。经何桂清从严整治以后，浙江兵勇的战斗力大大加强了。另一个方面，何桂清从各个方面鼎力支持江南大营，协调各部之间的关系，使江南大营的面貌焕然一新。何桂清除每月按时供给江南大营六万两军饷外，还积极为大营驻皖南的军队筹饷募勇，皖南“岁需饷银二百数十万两，半出于浙江之接济”（张芾《奏参抗捐巨绅折》）。在皖南的邓绍良部由于得到何桂清的大力支持，兵勇增加至一万七千多人。何桂清深知：要想抵御太平军的进犯和剿灭太平军，必须是地方督抚与大营将帅精诚团结、互相支持。于是主动并尽力与向荣、张国梁、邓绍良等搞好关系。他曾向朝廷奏称：大营诸将“谋勇兼全、忠诚不懈，莫如张国梁；驭兵有法，不避艰险，莫如邓绍良”。何桂清不但在给朝廷的奏折里称赞江南大营的将帅，还在给京城的好友自娱山房主人的密信里赞扬江南大营的将帅：“弟与向帅本事事同心协力”，“今天下能筹全局只向帅一人，一举一动皆令人五体投地，间有议其稍宽者，乃不知由于饷缺之故，若一味用威，恐激则生变，惟恩尚可笼人心。此种作用，岂盲昧者所能悉，然当用威者，则无人不畏之，此其所以为大将也”（《何桂清等书札》）。常言道“没有不透风的墙”，在重文轻武、文官普遍看不起武将的时代，这些将帅居然听到何桂清在背后称赞他们，他们自然会心里很高兴，并很尊重何桂清了。由于何桂清尽力支持江南大营，并与江南大营的将帅有良好的私人关系，大营诸将自张国梁“以至千、把，皆愿效驰驱”。因此何桂清治下的浙江与向荣统帅的江南大营在与太平军作战的诸多军事行动中能互相支持配合，乃至联合作战。咸丰四年（1854年）下半年，皖南局势日紧。皖南局势的好坏，用狭隘的眼光看本与浙江无关，但为大局着想、为国家着想的何桂清却派浙江兵来援皖南，多时有近6000兵勇，少时也有2000多兵勇。大营也先后派周天受、江长贵各领川兵500人往援。后来大营又令张国梁援太平，邓绍良援宁国。何桂清和向荣之所以对皖南的局势特别关注，是因为皖南作为安徽的一部分，北阻长江，孤处江南；作为全国的一部分，西与江西、湖北相接；东南与江苏、浙江相邻。其太平府城更距大营只有“二百一十里”，与芜湖均有水路直至东坝。而东坝又“东通苏州、常州及浙江湖州等处，诚为东南要紧咽喉”。这样的地理位置，再加上定都金陵（天京）的太平军不断西征，先争夺两湖，后席卷江西所带来的战争环境，就不能不使皖南与大营、江浙三者之间，产生日益明显的防务上的相互依存关系。何桂清与大营不仅在以上军事行动中相互咨商，还共同防守黄池（今芜湖稍偏东南，与江苏高淳紧邻），并在邓绍良统一指挥下，打退万余来进攻之敌，从而为以后联合作战开了一个好头。

咸丰五年（1855年），“金陵得力文武并能打仗之兵勇全力在芜湖，交邓臣若（提督邓绍良的字）军门一人督剿，自事权归一，不过数日，即建大功。八月二十八日自戌至寅，即将山西湖贼营十一座全行毁平，可无内患之虞。九月初二、三、四、七、八等日，将所有新添贼营数十座全行打破，杀真长毛首级每日数十担，送至向帅处请功，现在只有石垒五座未能得手，然大局已定，徽、宁无忧，江、浙亦无忧矣”。不久，何桂清又调兵在浙西、皖南作战，并攻下皖南徽州（今歙县）、休宁、石城（今广阳）。

咸丰六年（1856年），在何桂清的运筹下，江南大营又攻下安徽东南部的太平（治今仙源）、宁国等地。此后，何桂清又趁杨韦内讧派遣浙军协助张国梁攻克苏南的东坝、高淳。何桂清在浙江巡抚任上的功绩，《清史稿·列传》载：“自贼踞江宁，东南震动。安徽徽州、宁国二府为浙江屏蔽，桂清严防要隘，别遣一军屯守黄池，扼苏、浙之衢，贼来犯，会提督邓绍良击却之。五年，檄道员徐荣剿贼黟县、石埭，战颇利。贼众大至，徽勇溃走，荣众寡不敌，遂战殁。桂清因言徽、浙唇齿，宜主客一心，事乃济。疏入，谕戒地方官不分畛域。时贼陷徽州各属，桂清檄知府石景芬、副将魁龄等，攻复徽州府城及休宁，分布所部于昌化、於潜、淳安，杜贼来路。安徽巡抚时移驻庐州，徽、宁二郡悬绝江南，不能遥制，命桂清兼辖之。江西贼侵入浙境，陷开化，犯遂安，桂清檄邓绍良等合击之，贼退徽境。周天受、石景芬等连下黟县、石埭。桂清疏请添改镇道员缺，俾专责成，以石景芬为徽宁池太道；豫祺为总兵，不得力，复以江长贵易之。又用桂清议，命前侍郎张芾驻皖南治团练，督办徽、宁防务，寻命兼顾浙江衢、严两郡，与桂清协力制贼。六年，檄邓绍良、秦如虎、都兴阿等合攻宁国，别遣江长贵击败贼之袭太平者，连捷，克宁国府城。朝廷益嘉桂清，思大用之。”

咸丰帝见何桂清无论分内、分外的事都尽心竭力，而且干得很好，十分高兴，曾称赞何桂清：“汝数载艰辛，实为浙省保障。浙省保全，江南大营方无牵掣之患，汝功居多也。”何桂清在浙江的政绩他本人也十分得意，曾在给密友的信中说：“东南半壁，似乎非鄙人不能支持”，“若将江、浙兵勇归弟一人调度，两省大吏能筹饷接济，定能速奏肤功，所谓知己知彼，百战百胜，不似他人以先剪枝叶为词，并不能剪其之一枝一叶”（《何桂清等书札》）。

钦差大臣向荣建立的江南大营虽然在浙江巡抚何桂清的鼎力支持下，取得了一系列的军事胜利，但大营自身仍然存在着兵少、军弱、饷绌和将领腐败等四大致命的痼疾。

江南大营的兵勇初时只有二万余人，且分屯两处，相距约二百里，兵力严重不足。后来由于何桂清尽力替大营招募兵勇，兵勇最多时已达到了四万多人，但因为江南大营的兵力分布在安徽芜湖，江苏金陵、镇江相距约五百里之遥的三地，再加上苏、浙，甚至江北大营又常常不能自保，不时要分兵往援，从而使大营兵力严重不足的弱点未能得到扭转。清代中后期的清军，由于将领养尊处优、治军不严，兵勇战斗力既弱，又不服管束，动辄生事鼓噪，甚至哗变。正如当时一位官僚所说：“兵畏贼，不畏将；将畏兵，不畏法。”向荣统率下的大营兵勇虽然比其他将帅统领的兵勇战斗力强一些，但也好不了多少，特别是在军饷欠发的时候。大营建立之初，粮饷由清廷指拨，支用之余尚有大量的结余，但半年之后，随着太平军北伐和西征的征战以及各地民众起义的增多，清廷和各地方财政困难，清廷无力指拨给大营军饷，地方也难以接济大营，像何桂清这样主动并尽力为大营筹粮筹饷的督抚几乎没有。大营虽然也可以自行筹措粮饷，但是：一、向荣无节制地方之权，督抚固然不听指挥，就是府县一级的小官小吏，也可对向荣置之不理。因此，向荣一直不敢在距大营稍远的地方，开局设卡征收厘金；二、向荣能行使权力的空间十分狭小。所统的兵勇分布在镇江、金陵、芜湖一带，长达数百里，而只是在北濒长江的带状地区内有若干驻扎点，点与点之间，要么是太平军占领的地区，要么是两不管的地区，要么是像句容那样，州县官仍然在行使职权的地方。一言以蔽之，大营可以征税的势力范围很小。事实上，江南大营在三江营厘局一开征，江北大营就立即要求加以关闭。地方官或友邻的江北大营都这样对江南大营寸土不让、利益不舍，他们既有堂而皇之的法制根据，又有维护地方财税收入的公开理由，更有保护自己财路的私心。因为征税，特别是厘金税，历来是官吏可以大肆贪污的沃土，由于有以上两大原因，所以大营自行筹粮饷就十分困难。于是大营的粮饷只好依靠江苏、浙江两省接济。江浙二省，从地理位置上看，与大营连为一体，或相邻相近，又有发达的江湖河水网相勾连。在军事上，大营是二省的屏藩，而二省也是大营纵深防御的广阔后方，相互依存的关系十分明显。在经济上，二省乃全国最富庶的地区，既是清廷也是大营的主要粮饷之地。但这种在战争环境下所形成的江南大营与江浙两省双向的依存关系和责任关系，却没有明文规定，更难量化管理。更何况如筹饷全赖税收之多少，其中的漕粮地丁虽可量化监督管理，但各级官僚们仍然可以上下其手，舞弊自肥。捐输厘金则难以量化，厘金虽已日益重要，但因为是新创，本无规章制度，全由地方官吏自征自支，清廷更无从监督。与筹饷类似的筹兵设防也是如此。筹兵设防，地方大吏非上命，本无出境用兵之权，本境剿捕虽责任所在，但浙江非战区，江苏则有南北两大营分任其责，从而使江浙二省的大吏在这个方面的责任有很大的弹性。这样，两省筹军饷、办团练、募兵勇、设城防，办与不办，得力不得力，怎么办，远在北京的清廷难以督责，近在金陵的向荣，却无权过问，只能全赖地方督抚个人的见识短浅、责任心的强弱、才干的大小随心功德了。而年轻有为的何桂清既是一个懂得浙省与江南大营有唇齿相依利害关系的明白人，又是一个有全局观念、国家观念和责任心、进取心极强的封疆大吏，因此他便主动地、尽力地为江南大营筹军饷。他任浙江巡抚不久，就任用善于筹饷、精于理财的心腹王有龄四处为大营筹饷。然而，浙江的财富远远赶不上江苏，何桂清尽力筹到的月饷还不到大营所需月饷的三分之一。而本应该在筹饷方面起重要作用的江苏，又因为两江总督怡良过于疲软、办事敷衍塞责，而致使大营的粮饷长期不足。据向荣咸丰四年（1854年）闰七月初奏报，除浙江每月给银六万两外，江西解过两个月，共八万两；江苏虽有三次协济，但总共只有六万两。再加上其他杂项进款，虽能勉强支放一月至五月共五个月的军饷，但尚欠六月、七月两个月。向荣于咸丰五年（1855年)又奏："惟赖浙江按月解银六万两，及上海江苏两（处）按月筹银四五万两不等，每月共止十五六万两，匀摊敷衍，各兵口粮有欠发两月，或三月者。"

清朝的中后期，官僚贪污、军营长官克扣军饷已成为很普遍的现象。特别是军营各级将领克扣军饷的腐败行为更使本来就不足的军饷更加短缺。军饷不足的情况严重影响了军队的战斗力。江南大营的主帅向荣虽然治军有方、指挥英明、作战勇猛，但他虽无贪官污吏的恶名，也无清正廉洁的口碑。而他手下的各将领克扣军饷就更加难以避免了。如把总李桂芳部，勇额为二百人，李桂芳就吃空额六十多名，约占全额的三分之一。

由于江南大营有以上四个致命的痼疾，再加上太平军的军事力量十分强大以及其他原因，咸丰六年（1856年）太平军攻破江南大营，向荣兵败病死。由于这次兵败以前，军事经验丰富的向荣早有不得已时退守丹阳，以保苏常二州的想法，因此在太平军进攻大营时，向荣没有死守金陵大营，而是在夜色掩护下，率兵迅速退守战略要地丹阳。向荣突然退守丹阳，是太平军始料未及的，因此太平军来不及部署堵截和追击，从而向荣得以保存实力固守丹阳。如果向荣认死理固守大营，不及时撤退，大营清军即使不被全歼，也会遭到十分巨大的损失。这样就没有力量固守丹阳、金坛，苏州、常州，甚至浙江也势必难以保全，大营攻防两个方面的战略任务都将全部以失败告终。

向荣兵败病死丹阳后，清廷又派江南提督和春接替向荣任钦差大臣，重建江南大营。和春认为："用兵之权操之军营，而筹饷之事则在督臣。必饷项有出，然后可以济事。"但是，两江总督怡良年老多病，做事敷衍塞责，致使江南大营的粮饷长期短缺，和春便屡屡上疏劾之，怡良不安于位，被迫于咸丰七年（1857年）春，告病乞休。咸丰皇帝认为两江总督"以筹饷为命脉"，就继任者征求军机大臣的意见。江苏籍大学士彭蕴章，了解何桂清在江浙的才干和政绩，他对咸丰帝说，何桂清任浙江巡抚时"饷徽州全军数万人，未尝阙之"，堪任两江总督，力荐之。而此时的何佳清，因不久前他的心腹杭州知府王有龄被通判徐徵讦控，他上疏极力为王有龄辩护，被咸丰帝诘责而称病乞归，咸丰帝虽一再挽留，何桂清却不愿留任而回乡。浙江军民听说何桂清要告病还乡，百般挽留，其中邓绍良部的兵勇一万七千多人因一直受到何桂清的关照，坚决不让何桂清走。直到何桂清反复劝说并承诺“开春后亲赴大营慰劳三军”，于是始各回去。何桂清离开杭州时，浙江军民纷纷到巡抚衙门送牌匾和万民伞，以表尊崇和依依不舍。

太保总督

咸丰七年（1857年），四十一岁的何桂清受命于危难之际，出任两江总督。何桂清在两江总督任上，参与江南大营的军事决策，团结江南大营的官兵，积极为江南大营筹粮、筹饷、募勇、购械，因军功卓著而先后被清廷加太子少保、太子太保衔。

咸丰帝早就很器重何桂清，更了解何桂清在江苏任提学使、在浙江任巡抚时的才干和政绩。他见大学士彭蕴章也力荐何桂清，便于当年四月下旨令何桂清署理两江总督，“迅速赴任”。何桂清接旨后，只好动身赴任。在危难之际身负重任的何桂清深知与大营将帅搞好关系的重要性，因此在赴任途中还未去常州上任，就先到京岘山会晤统兵围困镇江的总兵余万清。五月六日，何桂清又赶到句容大营会晤钦差大臣和春以及张国梁等大营将领，与他们联络感情、共谋军机。何桂清还亲自慰劳大营的士兵，答应“从优赏犒，并准月清粮饷”，并且“按月搭配欠饷三成”。何桂清任浙江巡抚时，就与大营的官兵保持着良好的关系，如今升为两江总督了，大营的官兵更是十分高兴，“各营将士一闻来江南之书（指何桂任两江总督），欢喜非常，兵勇无不急先快睹”（《何桂清等书札》）。何桂清对他笼络大营官兵的高招也很得意，他曾在写给京中密友的书信中说：“弟未赴任，即先至江、镇各大营，此中作用，高明自知之。不患不睦、不用命，惟筹饷则区区一人着急而已。”何桂清到常州赴任后不到一个月，就被咸丰帝实授为两江总督。此后，何桂清又多次到大营视察，并与和春、张国梁、傅振邦、虎坤元等将帅书信不断。还亲自教张国梁读书，使张言听计从，对何桂清“如小学生之于严师”。时人评价何桂清与大营将领的关系时说：“若张殿臣总统（指张国梁，引者注）、冯提军子材，或谊结师生，或礼分宾主，诚哉人才之总汇，幕府之宏规也。”

由于何桂清与大营的官兵关系亲密，能上下一心，文官、将帅一心对付太平军，到任仅四十五天，江南大营的清军便接连攻克了溧水、句容，并包围了太平天国的首都天京（金陵），完全扭转清军在江苏被动挨打的局面。何桂清在写给京中密友自娱山房主人的书信中说：“弟在大营作用，都中所传，皆是事实”，“向来大营不与督抚通信。有之，自弟到任始。所以幕友、书办皆以为奇，尤奇在事事会商办理”。由于当时的官场，大营的将帅与地方的督抚常常不和，乃至相互看不起和攻讦、掣肘，特别是地方督抚常常藐视大营将帅。何桂清与大营将帅的密切关系就使人感到是奇事。当时的江南大营，无论战略方针和重大的军事决策，都由何桂清参与制定并提出主导意见。如咸丰七年（1857年）何桂清首次视察镇江、句容时，就向和春、张国梁指出：欲攻克金陵，“非首断长江接济，而从镇江、句容、太平三路进兵，断难致其死命”。主张不先急于进围金陵，而是下游先克句容、镇江，上游先攻太平，进图芜湖，然后配合水师，肃清江面，“则金陵一城已成孤注，直吾掌握中物耳”。和春、张国梁深表赞同，并由何桂清以“通筹剿办情形”的名义，上奏清廷。咸丰七年（1857年）五月，太平天国翼王石达开离开金陵出走安庆，咸丰帝认为“机会似不可失”，急于求成，令邓绍良移皖南之师“乘虚直捣金陵”。何桂清认为此时直捣金陵的条件尚不成熟，上奏咸丰帝赞同浙江巡抚晏端书提出的令邓绍良“先将芜卡扫平，再移黄池、湾沚之师进扎繁昌，以清上游江面，……然后直捣金陵”的意见，咸丰帝也只好批示同意。根据惯例，两江总督无权干预江南大营的军事指挥和内部事务，但何桂清却插手大营，越俎代庖，因此有人不满而上告何桂清。而咸丰帝见何桂清、和春两人一心共剿长毛，且屡屡得胜，便明确表示：“朕方望其相与有成，断不责其越俎。”何桂清每上一疏，咸丰帝都谕令和春“将何桂清所奏各情妥筹办理”。并规定：因江南大营“文职大员可与商酌机宜者较少”，嗣司进兵机宜，和春“可与该督就近函商”。这一切说明：咸丰帝已公开授予了何桂清插手江南大营的权力。咸丰帝为什么如此信任何桂清？这是因为：何桂清任两江总督后，“竭蹶经营于艰难之中”，表现出了过人的才干，而他插手江南大营又使江南大营面貌一新，在军事方面取得了一系列的巨大胜利。咸丰帝正希望何桂清能与和春和衷共济，使以绿营为核心的江南大营在剿灭太平天国的军事斗争中完全取代他所猜忌又屡战屡败的湘军。何桂清果然没有辜负咸丰帝的希望，咸丰七年（1857年）冬，又攻克太平军占领的军事重镇镇江，因功而加太子少保衔；咸丰十年（1860年）春，又在何桂清的策划下，江南大营攻克金陵附近的九洑州，而晋太子太保衔。

何桂清在两江总督任上最突出的政绩是为江南大营筹粮、筹饷、募勇、购械。何桂清任两江总督不久，就奏请将已出任云南粮道的心腹王有龄调赴江苏，派往上海整顿关税厘捐，以筹措军饷。擅长理财的王有龄在上海宽猛相济、恩威兼施，加重捐额，增收关税至四百五十万两。仅此一项，“江南军饷已得十分之九”。此后，何桂清、王有龄又对内地的关税、盐课、地丁、田赋、铺捐、户捐、丁捐等普遍进行了整顿。通过这一系列的整顿，何桂清每年在江南四府一州（江苏为中国清代最富饶的省，主管钱粮等的藩司与其他省不同，设有两个。这两个藩司称为江宁布政使与江苏布政使，前者管江宁、淮安、扬州、徐州四府及通州、海州两直隶州；后者管江苏最富裕的苏州、松江、常州、镇江、太仓四府一州）共征得漕粮一百多万石，捐税七百多万两。有了钱粮便尽力支持江南大营，何桂清首先每月为江南大营拨饷四十万两，再加重价买米一万四千石，费银五六万两。从此，江南大营饷源充裕，与怡良任两江总督期间积欠军饷一百五十万两相比，不啻有天壤之别。其次，何桂清支持江南大营添募兵勇，使大营的兵力成倍增长。如咸丰九年（1859年）八月以后，每月就增拨十万两，募勇万人围攻浦口，以断金陵与江北的交通。此外，何桂清还厚赏刺激兵勇的士气。如咸丰七年（1857年）十一月，江南大营围攻镇江，何桂清“飞饬各营必谕数万兵勇，月内克服镇江，兼顾瓜洲，灭尽逆贼，定赏银五万两”。更令大营官兵高兴的是，何桂清派人到上海为大营官兵广购洋枪、洋炮，使“带兵官以及兵目勇头皆有洋枪”。由于有了何桂清的尽力支持，江南大营兵多、饷足、武器先进，战斗力有所增长。

何桂清在两江总督任上的敢作敢为、主动揽事与他的前任怡良形成了鲜明的对照。怡良，旗人，他由笔贴式出任小京官，小心谨慎地熬着年头。外放后，历任府道两司。道光十八年（1838年）升任广东巡抚，以后又历任总督、钦差大臣等。几十年的宦海生涯，使他深深地沾染上了官场的许多恶习，如八面玲珑，遇事因循敷衍、能推就推、能滑就滑，精于趋利避害等。怡良在咸丰三年至咸丰七年（1853~1857年）任两江总督期间，故伎重演。如安徽本为两江总督辖境，对几沦为瓯脱之区的皖南，他本来有责任出而主持，但他却不闻不问，得过且过。对皖南是否暂设巡抚，还是新设可以奏事的道员，或归浙抚代管等问题的讨论，他也不过问，好像与他无关似的。倒是本无权管皖南事的、当时只是浙江巡抚的何桂清替他代管了皖南。怡良对于必办的事，则一切按照陈规旧法敷衍了事，从不多说半句话，从不多想一想，是否还有其他更好的办法。如各捐税收入长期不能满足军饷需求，他既不查究贪污中饱，偷税漏税，也不愿花工夫劝诱富商大贾、世家巨绅为战事捐银，结果就截留本应该上交京师的漕粮。而何桂清却认为："本来不用截（漕），其截者实系为官不为国，为私不为公。"（《何桂清等书札》）何桂清是这样说的，也是这样做的。当他继怡良之后出任两江总督时，就立即停止截留漕粮。不久就命理财能手、心腹王有龄去上海“极力查办，未及两旬，而饷银已旺，每月竟可得银四五十万两”（萧盛远《粤匪纪略》），基本上解决了大营的粮饷问题。

怡良与何桂清对大营的关心和热情相反，他对大营的官兵十分冷漠。大营作为唯一的抗敌盾牌，关系着整个苏南的安危，常州与金陵相距只有二百多里，水陆交通都很方便，但怡良除了必不可少的公文往来外，与向荣几乎没有什么往来。他自己也承认：“余因与向无交，未曾函致。”更为严重的是，大营就驻扎在他管辖的境内，怡良作为地方最高行政长官，对大营粮台本有监督的责任，他也深知粮台的弊端很多，但他不仅自己视而不见，还私下劝一位姓张的官员也不要多管：“公此去，万不可经手，岂特为子孙之累已哉。”（张集馨《道咸宦海见闻录》）而这位姓张的官员只是怡良过去的属吏，并无深交，他居然如此力劝，可见怡良凡事不顾清王朝的利益和得失，只为自己和儿孙着想。何桂清对粮台的态度却与怡良完全不同，他对贪污、浪费、机构臃肿的粮台进行了严厉的整顿。从前的“粮台冒滥之弊，积习相沿，牢不可破”，如巧立名目，为文武官员额外超支，虽经严禁，但各粮台“竟敢明目张胆，论品秩之崇卑，定供支之多寡”。据礼部侍郎宋晋奏，“其职分大者，粮台每月支应薪水尚不下五六百金，道府等官员每月不下二三百金。下至微员幕友，亦每月五六十金不等”。“从前粮台昏天黑地，对不往营中，所以常闹，委员亦有可打之道，如今弊绝风清，断断不准闹，一闹即当正法，以肃军令”（《何桂清等书札》）。何桂清还将粮台的“各分局裁撤，归并两局，凡稍可节省之费，业已十减七，差遣委员亦裁过半”（李滨《中兴别记》）。

作为两江总督的怡良，本应该负责苏常等后方的防务，但怡良不仅不知探求练兵募勇的新方法，就是因袭老套路，也是敷衍了事。如他的驻地常州绅士赵振祚所募的乡勇就是既不能防守，更不敢进攻太平军的乌合之众，他也不问不管。他直辖的绿营督标，在江宁被攻陷时，或被歼，或溃散无存，不得不重新招募新兵，但他也不认真招募，而是草率从事。他“招募江宁流氓为新兵，率多无赖”，且“统驭不严，养成桀骜之习，与难民相倚滋事”，后来，竟“鼓噪谋变”。他对眼皮底下的事还如此敷衍，其他距离稍远的地方，那就更是不管不问了，因此他管辖的大片地方根本无纵深防御的能力。

动员富家大户的捐纳，是咸丰初年筹饷的重要途径之一，但怡良任内的江苏，捐输和捐纳时，因怡良不敢触动大户，只好向中下人家摊派。这样，所得捐输既不多，又害苦了江苏中下人家。何桂清继任两江总督后，他却反怡良之道而行之，主要动员大户捐纳。他曾批评怡良“苏省屡次办捐，中下二户最苦，而大户聊饰耳目，隐隐偏苛”。

总之，何桂清在浙江巡抚和两江总督任上，不但克尽厥职、呕心沥血，而且主动承担分外的重担并干得很出色，在江、浙两省有很高的声望，不愧为晚清出色的封疆大吏。而对臣属猜疑心极重的咸丰皇帝，见何桂清在江浙等地和江南大营的声望日高，便对何桂清从全力支持转变为遍设障碍，小心防范。他常常选派与曾国藩亲近的湘系官员到江浙任巡抚、布政使等职以掣肘何桂清，使何桂清一派不能坐大。

性情中人

何桂清一生极重情义，是一位情深意重的性情中人。朋友王有龄遭到他人的攻击和陷害，他肯为王有龄的名誉和安危而两肋插刀。

何桂清是一个特别注重亲情、乡情、友情，情深意重的性情中人。他在家是孝子，在外重乡情，交友重情谊。他很喜爱王粲《登楼赋》中的名句："人情同于怀士兮，岂穷达而异心。"他一生都牢记孔夫子的教导："己欲立而立人，己欲达而达人"，"己所不欲，勿施于人"。他特别喜爱欧阳修《朋党论》里的这句名言："同心而共济，终始如一，此君子之朋也。"他不忘"拚将一死酬知己，致令千秋仰义名"的古训，肯为朋友的名誉、安危而两肋插刀。

从万山丛中闯出来的，又因丁忧和护友两次回籍的何桂清，是一个爱家乡，对家乡怀有深厚感情的性情中人。我们从他字根云，号丛山，又自称"五华山房主人"，便可见一斑。何桂清爱家乡的山水，爱家乡的气候，爱家乡的人情。而家乡的山水他又最爱太华山和滇池，他对太华山龙门石窟的开凿工程尤为关心，自道光八年（1828年）他跟随王燮知县游太华山后，二十多年间龙门石窟的开凿一直萦怀在他的心中。

道光二十年（1840年），昆明人杨汝兰，继承吴来清开凿石窟和栈道的未竟事业，又从慈云洞向上继续开凿。道光二十九年（1849年），经过九年的艰辛开凿，终于打通了从慈云洞到达天阁的隧道，这条隧道称云华洞，洞高1.7米，宽1.2米，全长约30米。达天阁门额镌刻的"达天阁"三字，为道光十九年（1839年）举人、昆明著名书法家倪应颐，于道光二十六年（1846年）题书。达天阁的室内还有倪应颐题书的铭文。杨汝兰题，钱匡之书的《凿云华洞达天阁记》云：

> 兹洞据太华之巅，距省城三十里，自麓而上约十五里。左峙碧峣，右连海口，下临滇池，茫茫五百里，尽在眼前。俯视昆州城烟村舍及金马诸山，一一罗列如画。洵滇中胜地也。
>
> 自道光庚子年由前朱家阁凿石穿云，另辟斯洞，历时九载，始克告成，周叙其大概云。
>
> 董事诸公识。
>
> 兹洞之成，有谓全凭人力者，有谓神功助者。皆非也。《书》云："天工人其代之。"于兹有焉。
>
> 南陔杨汝兰，男渭、沅、濂、泽谨识。
>
> 尧卿钱匡之书。

杨汝兰，乃昆明义士，《新纂云南通志·义行传》云："杨汝兰，字南陔，昆明人。世有隐德，汝兰性尤孝友，好义若渴，每遇地方善举，必力任之。淡于荣利，善佳山水，尝于西山罗汉崖凿云华洞，俯瞰滇池，极山水之胜。经营二十余年，始蒇其事。规划之巧，刻凿之奇，游此者啧啧称赞焉。"杨汝兰之子杨际泰，道光六年（1826年）进士，也是一个义士，他继承父志，从云华洞将工程延续，又开凿了龙门石坊、达天阁等工程。

道光三十年（1850年）十二月，何桂清二十七个月的守制期结束了。早在去年，他就听说石窟工程又告一段落了，但因重孝在身，不便登临。如今守制已满，即将离昆返回京城供职，便几次登临太华山观看石窟工程并捐银支持工程继续开凿下去。受杨汝兰等人之请，何桂清撰写了《重修三清阁石洞序》。其文曰：

吾滇山水称奇观，而太华擅昆池之胜，其秀尤在三清阁。或曰："阁之美人所治也，子奚以为尤。"余曰："不然，阁所以点缀夫山之景，而收滇海之形势者也。苟名阁则山之美且不见奚有于海。是故人之登太华者，必曰游三清阁。"庚戌岁，余在籍守礼，平居固无赏心者，惟二三知己相与朝夕遇谈。适云卿马子、桐村周子，向余相谓曰："君曾于鲁获登泰山，攀日观望东海，渺青齐，可谓极宇内之雄观矣，而太华为吾故土，近在境内，从未得一望意者，五岳归求故乎？"余笑应之曰："否！固所愿也，然非子言不及此。"于是订以日，于秋九月中旬遂买舟西渡，落暮抵山脚。一鼓后，燃炬登焉，是夜宿三清阁。时杨子向斋与其叔南陔俱先到，同马君、周君并余为五人，诘旦因恣游。览见楼阁峥嵘，金碧焕蔚。偶凭阑睇，觉烟沉雾涌，此身如居天上。向斋杨子在旁进谓曰："君亦知斯山之有今日耶？微吾叔南陔公数十季力，不及此能赐一言以传事乎。”余曰：“然。”尝闻南陔性孝友而人之旷达者流也。其声早著于里党矣，又何俟余鳃鳃为之序而后传耶！然达天阁之辟，南陔以一人力行之数十年，星霜风雨不避其艰，诮谤毁誉弗辍一生志，事虽成于众人之捐济，而功实赖一人之经营，所谓有志者事竟成，非耶南陔之名，吾知与华山同不朽已。

道光庚戌十二月既望，邑人何桂清撰书。

何桂清的《重修三清阁石洞序》，镌刻在“老石窟”的北壁，至今犹存。序中的“向斋”，是杨汝兰之侄杨荫葵，他字向斋，为昆明廪贡生，善书，凡古今名人字体，摹临靡不毕肖，为昆明著名书法家。何桂清这次游三清阁，还题写有“天临海镜”四个大字，后被杨荫葵书写后镌刻在“达天阁”（龙门）的门头上。

咸丰六年（1856年）年底，何桂清又一次返回故乡昆明。他这次回昆明倒不是丁忧，而是因为担任杭州知府的心腹王有龄被通判徐徵讦控，十分看重友情的何桂清上疏为王有龄辩护，被咸丰帝诘责而称病乞归，咸丰帝虽一再挽留，何桂清却不愿留任而回乡。这次回乡，他亲理家务，购买坟地，拜访回籍养亲的原兵部左侍郎，今五华书院山长黄琮等昆明前辈。他原打算从此在家乡著书立说，讲学课士，不再入仕为官，但由于云南各族大起义，局势动荡不安（咸丰帝下诏命："在籍侍郎黄琮、御史窦垿、总兵周凤歧，即著会同各地方官筹办乡团，以佐兵力。"），加上他是清官积蓄太少，无法维持一大家人的生活，以及朋友劝告等诸多原因，他才打消不再为官的念头，准备重新入仕。何桂清咸丰六年底至咸丰七年初在昆明的境遇从他写给湖南道州人、著名书法家何绍基之弟何绍京（字子愚）的两封私信里，可看到一些蛛丝马迹，现抄录于下：

> 子愚五哥大人如晤：七月二十八日曾复达一函，想已邀青鉴矣。兹于十月望日接读手书，谆谆以养身为谕，事无论大小，俱在关念之中，读之倍增感叹。回忆丙午（道光二十六年，1846年，引者注）分手时，那料有今日。今既若此，知己莫不为弟忧，弟于万无可解之中，又不能不听良言而慰亲心。数月以来，家事总算摒挡过去，虽有不敷，亦不难筹划。唯亲朋中下不去者多，无厌之求，不明理者多，非理之请，使人无可奈何，甚至不敢归家。好在弟自守极谨，是以乡评大越恒流，官场虽一概不会，而人皆思慕，偶尔回拜相晤，言不及私。茔地一事，数月辛苦，至目下方得可用之地，宽大而极平稳，经明白人看过，众皆以为然□砂水法帐峡朝案皆合，峦头亦端正，现在议价，俟定局，即办理窀穸大

事，椿庭精神照常，两女与大儿已延师上学认字，免得吵闹而吃零嘴。次儿已断乳，体子渐充实，三儿将学说话走路矣。妾辈均能过苦境，婶母无嗣，今将三儿为承重孙，舍妹夫妇与甥儿均同居，家事均可按料理，可以放心。弟近来呕吐已止，气体渐次照常，不敢生气，亦不敢伤心，俟来春大事办毕，定能如曩日在京时光景。哥约腊初方差旋，家事与应酬只（以下残缺，该信大约写于咸丰六年十二月初，引者注）。

子愚五哥大人如晤：十一月底接到九月二十五日手书，知弟七月中第一次信已入青鉴，远怀始慰，读之更深感叹。自出都门，倏忽四年。此四年中所历之境，何一不关切入微，今日遭际如此，早知断断不能放心也。十月二十五日又交火牌寄第二次信，刻下计已到京，外省各处复函，想亦收到。弟近来光景，前两函已详细言之，弱躯仍能似在京光景，汤药百数十剂后加以丸药一材，遂觉复元[医者段锡庵，本领极有。纳手每一方服二三十剂，六月以后即无病矣。]迩来不过服从前每日三钱六味丸而已。家事现已有眉目，不用烦苦忧愁，唯亲朋中以弟为可忧者[苦人帮项，知单亦不少]日不离门，开口便曰："你如今回来，我一家皆不愁了。"实在无法可处，好在乡评极优，官场逢人即问弟起居，乡党随时均皆亲敬。应酬字万不能写得完，是一件苦事。茔地于数日前已买就，在省城东关外十里地，名白龙寺，为省龙正枝，可谓平妥之至，系甲山庚向兼卯酉三分。明年二月大利，即办理窀穸大事，约计两个月可以完工[新旧共葬七塚，外修先慈旧茔]。此事既定，寤寐稍安，劳苦稍节。米价每斗现卖一两[一百斤不足些]，民困渐苏，以滇省银钱艰难，虽米价再贱[向来不过一千钱一斗]，亦多衣食不济之人。数年来多盗棺之案，绅士家亦不能免，地方官办得太不吃紧，愈盗愈多，且有豺狼食人[城外不数里，即有俗语呼为山猫利]。今年少翁定章程，各衙门自督至县，轮流买之，活者每个赏银三两[乡间人图赏，未尝不拿]，坏者减半。昨盐道署中送来三个，剖腹视之，皆有人手，街场中逢人都是谈盗棺与山猫利二事。太平世界，似不应如此。地方上正经事皆推尊弟与矩卿先生（指回籍养亲的原兵部左侍郎，今五华书院山长黄琮。黄琮，字矩卿，引者注），准情酌理，做了些好事。严亲精神尚健，儿女辈亦无病（大儿每日能识二十字，日久亦不忘）。承示山水画，不妨领略，切勿终日闷闷，谨当遵属。做人要知足，一段议论，乃至论也。大哥差回，新春三哥又可来，高堂欢喜倍于寻常。兰检近况如何？念甚，念甚。兰簃、椒生、咏莪诸君俱回京，又觉热闹。李孺人殉节之事，现已由司详院，归入年终题请旌表[去年因赶不上，本年有一烈、九节、二贞，共汇题十二人]。前小琳兄回字已读，祈晤时代属之，余俟续达，叩请侍安。

弟桂清稽首　腊月十二日

何桂清入仕以后，至少有两次回昆明，前一次是因母亲病故回籍守制，居住时间近三年，其间对昆明地方的教育做出了较大的贡献。后一次是称病乞归，本想著书立说，讲学课士，老死家乡，后因诸多原因，再次离乡。这次在昆明的居住时间只有三个月左右，从他写给好友何绍京的两封信，可以看出他对战乱给云南造成的许多影响感到不安，字里行间流露出了他对家乡百姓的生活状况的深切关注，并尽力进行改善。

何桂清的一生之中，与王有龄的情谊最深，关系最为密切。王有龄（1810~1861年）字英九，号雪轩，侯官（今福州）人。其父王燮嘉庆二十三年（1818年）举人，道光六年（1826年）大挑一等以知县分发云南，历任昆明知县，曲靖、澄江等府同知，丽江知府等职。十七岁的王有龄便跟随父亲赴滇，他在父亲身边一边读书，一边帮助父亲处理一些杂务。王燮希望儿子与自己一样刻苦读书，走由科举入仕之途，便将县衙中签稿门丁的儿子、昆明神童何桂清召入衙署做儿子的伴读。于是何桂清便与王有龄由相识、相伴，而成为最亲密的朋友。王有龄的性格与何桂清不同，他倜傥有奇气，不屑为八股之学，他考了几次乡试未中式，见比自己小六岁多的何桂清已于道光十一年（1831年）中举，便不想再考，于道光十四年报捐盐大使。道光十九年（1839年）由吏部签发浙江。王有龄到浙江后，经系列"差遣"后署理新昌县。王有龄到新昌县后，仅两个月就审结积案百余起，初次显露了他的行政才干。新昌县内原多盗，王有龄认为"此为饥寒所迫耳"，便张榜告示为盗者"归田者不问，再犯者弗赦"，盗皆解散。由于王有龄署理新昌县政绩卓著，便被提升为慈溪县知县。王有龄在知县任上，力除痼弊，治杜、白二湖，息民纷争，使北乡粮田万余顷得以灌溉。之后又历任鄞县、镇海、仁和知县，定海同知等。

王有龄虽然能干，但由于非科举出身，在官场颇受歧视和排挤，长期得不到升迁。道光二十九年（1849年），王有龄的父亲王燮病故，王有龄回福建老家守制。咸丰元年（1851年）王有龄守孝期满回到浙江，署理湖州府。咸丰四年（1854年）九月二十一日，何桂清升任浙江巡抚。何桂清到任后，便开始重用王有龄，他保举王有龄为浙江首府杭州府的知府，许多重要事务都交给王有龄办理。何桂清重用王有龄，不仅仅是因为王有龄的确有才干，是难得的人才，还因为王有龄之父王燮是何桂清的恩人，何桂清与王有龄又是相交长达二十八年的密友。二十八年间，他们互相勉励、互相帮助、互相支持，情谊越来越深厚。咸丰六年（1856年），王有龄的副手杭州通判徐徵与王有龄的矛盾日深，他多次上疏诬告王有龄。为维护王有龄的名誉，何桂清上疏咸丰皇帝极力为王有龄辩护，然而咸丰皇帝却斥责何桂清袒护王有龄。何桂清一气之下，竟称病请求回归故里，咸丰皇帝虽多次挽留何桂清，何桂清仍负气跑回了昆明。何桂清的这次抗争和负气回乡，充分显现了何桂清是一个肯为朋友的名誉和安危两肋插刀的义士和情深义重的性情中人。

当时何桂清卓越的才干早已传扬朝野，咸丰皇帝也深知何桂清是难得的人才。咸丰七年（1857年）四月，咸丰皇帝只好对何桂清妥协、让步，以署理两江总督（不久，便实授何桂清为两江总督，品级由正二品升为从一品）的名义重新起用何桂清。何桂清任两江总督后，就奏请朝廷将已出任云南粮道的王有龄调到江苏，咸丰皇帝再次对何桂清让步。王有龄到江苏后，何桂清立即委以重任，派擅长理财的王有龄到上海整顿关税厘捐，以筹措军饷。王有龄果然没有辜负何桂清的重用，到达上海后，宽猛相济、恩威兼施，不久就增收关税至四百五十万两。而王有龄在何桂清的提携下，职位不断地攀升，不久就升任主管江苏钱粮等要职的江苏布政使，其职位仅次于江苏巡抚，品级已高达从二品。江苏巡抚徐有壬是一个嫉贤妒能、心胸狭隘的人，他见何桂清如此重用王有龄，冷落自己，便对何桂清极为不满，从此就鸡蛋里挑骨头，暗中收集何桂清的不是之处，准备在适当之时扳倒何桂清，取而代之。

咸丰皇帝对何桂清、王有龄之间的密切关系早就十分猜忌了，一直都想拆散、瓦解这个朋党。而何桂清却认为王有龄很有才干，应该得到重用。他心里甚至这样想：江浙两省唇齿相依、休戚相关，只有同心同德，统一行动才能成为抵御和消灭太平军的铜墙铁壁和金戈铁马。而如今的浙江巡抚罗遵殿却是曾国藩一派的湘系人物，处处掣肘着江苏，使自己围剿太平军的许多计划常常落空。若能保举王有龄到浙江任巡抚，江浙两省便能齐心合力共同对付太平军，剿灭太平军的大事就能早日成功，这是于公于私，于国于民都有百利而无一害的好事。机会终于来了，咸丰十年（1860年）三月，太平军攻陷杭州，浙江巡抚罗遵殿战败身亡。太平军退出杭州后，何桂清上奏咸丰帝王有龄退敌有功，保举王有龄为浙江巡抚。咸丰帝看了何桂清的奏折后，更是疑意重重，坚决不答应何桂清的保举，十分气愤地在奏折上连写三遍"王有龄"，留下不发。何桂清再次上疏保举王有龄，咸丰帝更为生气，在奏折上恶狠狠地批道："尔但知有王有龄耳？"何桂清仍然不屈不挠，第三次上疏保举王有龄为浙江巡抚，他在奏折内也发了狠话：如果王有龄辜负委托，我愿以滥保之罪接受任何处罚。当时，江浙两省的军情已经十分紧急了，太平军接连攻陷了江浙两省的许多重镇。咸丰皇帝迫切需要依靠何桂清、王有龄抵御太平军，只好两害相权，取其轻，勉强委任王有龄为浙江巡抚。但亡羊补牢，已经太晚。不久之后，太平军趁江浙两省的联盟尚未结成，又一举攻陷了江浙两省的更多重镇，刚刚到任为浙江巡抚的王有龄也因杭州城陷而身死。王有龄以身殉职后，清廷予谥“壮愍”，赐祭葬，入祀昭忠祠，命在浙江、福建建专祠。

何桂清最得力的助手除王有龄之外，就是薛焕了。薛焕（1815年~1880年），字觐堂，四川宜宾人（因入籍四川兴文县学，故有史料称其为兴文人）。道光二十四年（1844年）举人，道光二十九年（1849年）选授江苏金山知县。咸丰二年（1852年），何桂清到江苏任学政，便认识了薛焕。咸丰三年（1853年），薛焕升任松江知府和盐运使。咸丰五年（1855年）迁任苏州知府。咸丰七年（1857年）何桂清任两江总督后，便立即保举薛焕为苏松粮储道。薛焕比何桂清年长一岁，因长期在上海一带为官，熟悉洋务，擅长与洋人打交道。对洋务十分关注的何桂清，很欣赏薛焕的外交才干，薛焕虽是比何桂清低许多级的下属，何桂清却与他结为朋友，从不称呼薛焕的姓名或职务，更不在薛焕面前摆总督的架子，只尊称薛焕为薛兄。薛焕自然感激何桂清的知遇之恩，对何桂清十分钦佩和尊重，为何桂清出谋划策不遗余力。咸丰八年（1858年），何桂清又保举薛焕为正三品的江苏按察使。接着又推荐薛焕与各国驻上海领事商谈税则的修改。薛焕在商谈中处处维护国家利益，锱铢必较，因功又得以在咸丰九年（1859年）升任江宁布政使并署钦差大臣办理五口通商事宜。薛焕能在三年多的时间里由从四品的知府连升数级为从二品的布政使，除他是一个很有才干的官员外，与何桂清的尽力提携也很有关系。

咸丰十年（1860年）四月，何桂清落难，继徐有壬之后，为江苏巡抚的薛焕与查文经等人一直庇护着何桂清，不断为何桂清辩护和求情。何桂清被押送到京城后，薛焕又动用一切关系多番营救何桂清，但终因曾国藩对何桂清的“罪行”穷追不舍，必欲置之死地而后快，而不果。而薛焕在曾国藩的打压和排挤之下，只好离开了江苏。薛焕作为何桂清的下属兼朋友，为营救何桂清可谓尽到责任了。更值得一提的是，同治三年（1864年），被曾国藩打压“实降五级留用”的薛焕却在与葡萄牙换约时为国家挽回了澳门属于中国的主权。被何桂清所器重的薛焕，一生“光明伟俊”“高瞻旷览”。光绪六年（1880年）薛焕去世时，他原来的政敌李鸿章也被薛焕“为政持大体”的精神所感动，欣然为薛焕撰写墓志铭，并在墓志铭中对薛焕的人品和功绩赞誉有加。

何桂清对待同一榜考中进士的同年黄宗汉，则既有赞扬和尊重，又有劝告和批评，充分体现了何桂清对待朋友也坚持“和而不同”的君子之风。黄宗汉（？~1864年），字寿臣，福建泉州晋江县人，道光十五年（1835年）进士，选翰林院庶吉士。散馆改兵部主事，充军机章京。历任员外郎、郎中、御史、给事中等职。道光二十五年（1845年）以后，又历任广东督粮道、山东按察使、浙江按察使等职。咸丰初年（1850年）历任甘肃布政使、浙江巡抚等职。黄宗汉在浙江巡抚任上政绩卓著，咸丰皇帝特赐御书“忠勤正直”匾额。咸丰四年（1854年）九月，黄宗汉升任四川总督，浙江巡抚一职由时为仓场侍郎的何桂清接替。

咸丰四年（1854年）十一月，何桂清到杭州上任，与黄宗汉办交接手续。黄宗汉虽然与何桂清是同年，岁数却比何桂清大得多，他还是何桂清的密友何绍京的儿女亲家，因此何桂清对黄宗汉很尊重，尊称其为“寿兄”或“寿翁”。何桂清在写给京城密友自娱山房主人即何绍京的几封私信里，就对黄宗汉充满了尊重、关怀和赞扬。如十一月二十日写信对自娱山房主人说：“弟于十一月十四日到杭，次日即接手。一路大小平顺，与寿兄同住署中，朝夕可谈。此间光景仍前，惟客太多，白日竟不能做事，所以寿兄日日皆丑初方吃晚饭，以至病了。现已精神勃发，举动照常，惟应陈之件太多，恐一时不得了。弟本是生手，事事皆要求教，大约还须数日方说得到题。”几天之后，又在信中对密友说：“寿兄已奏四十多件事，精神极好，未免太用心。弟苦劝要吃饭，并要安睡，方能养此有用之身。所患之病都好了，惟脑后偏右一疮尚有黄水，然不碍事，现在脓已去净，指日平复矣。公事随时领教，动辄谈到丑时，因同住署中，故甚便也。”何桂清在写于十二月中下旬的信中，又对这位密友云：“前达两函，想已入鉴。弟到此月余，直无片刻之闲，幸寿翁因公事未完，小住一月，得以随时请教，略得纲领。无如终日彼此皆为见官、会客累得白日不能见面，夜间又各办公事，直至十五日寿翁上船后，始得以小本子记载三本，人才、政事、防务可悉情形。此间公事无一不棘手，以寿翁之才力，尚且了不了，况弟初到？”

咸丰七年十一月（1857年12月），由于两广总督叶名琛防备不力，英法联军攻陷了广州。十一月二十日（1858年1月6日），叶名琛在都统衙门内花园八角亭被俘虏，随后被英法联军囚禁，清廷只好派黄宗汉继任两广总督。咸丰八年（1858年）春，英法等国遣人赴江苏投书致京师大学士诉说粤事，他们要求清廷派遣大臣到上海共同商谈发生在广州的一些大事，如果清廷逾期不派大臣到上海会谈，他们将北上至天津。当时英、俄两国的兵船已经停泊在吴淞，随时都有北上的可能。时任两江总督的何桂清意识到了事态的严重性，他多次劝告途经江苏常州的黄宗汉留下，到上海与英法等国的官员会谈，对他们好言解释并稍作一些让步，以避免重起战端。然而无论是咸丰皇帝，还是黄宗汉都没有意识到事态的严重性。咸丰皇帝甚至传旨上海的官员，要他们命令英法等国的使臣速回广州听候处理。黄宗汉则认为没有什么关系，就让他们北上去天津好了。由于黄宗汉没有听从何桂清的多次劝告，不与英法等国的使臣会谈，匆忙回广州，不久恼羞成怒的英法联军就北上攻陷大沽炮台，直扑天津，迫使中国签订了丧权辱国的《天津条约》。

何桂清与湖南道州何凌汉家族的关系十分密切，

并与何家认作本家。何凌汉，字仙槎，号云门，嘉庆十年（1805年）乙丑科探花，官至户部尚书。道光十五年（1835年）乙未科会试，何凌汉是该科会试的副总裁，而何桂清正是该科考中进士的，因此何桂清称何凌汉为恩师。何凌汉的四个儿子何绍基、何绍业、何绍祺、何绍京都十分优秀。何桂清与何家四兄弟关系十分亲密，其中与何绍基、何绍京两人的关系最为亲密。

何绍基（1799~1873年），字子贞，号东洲，道光十六年（1836年）进士，比何桂清年长十七岁，为清代著名书法家和著名诗人。何桂清对何绍基十分尊敬，称其为大哥，书法深受何绍基的影响。何绍基也十分器重这个天赋很高、聪明绝顶，比自己小十七岁，却比自己早一年考中进士的贤弟。

何绍京（1809年~？），字子愚，别号自娱山房主人，何绍基的小弟，道光十九年举人。何绍京比何桂清年长七岁，也是清代著名的书法家。何桂清平时尊称何绍京为五哥，通信时一般称其为“自娱山房主人”。他们两人的信函往来十分频繁，如今留存下来的有何桂清于咸丰四年至咸丰九年（1854~1859年）写给何绍京（自娱山房主人，何桂清偶尔也称其为“子愚五哥”）的信函数十封，约五万字，收入江苏人民出版社出版的《何桂清等书札》一书中。何桂清对何绍京既尊重又信赖，在信中可谓推心置腹、无话不谈，有喜事便立即向何绍京汇报，有忧愁也马上向何绍京诉说。何桂清拟在京城购买房屋，想给大儿子订婚，需要探听朝廷方面的消息等，都向自娱山房主人征求意见，都请自娱山房主人出面经办和打听。所以，何桂清致“自娱山房主人”的书札中，透露出了许多机密话、内心话。书札的内容还涉及：清两江总督与江南大营的关系；江浙官场的矛盾和纠纷；清江南大营攻陷镇江、围困金陵以及太平军抗击清军的情况；何桂清笼络、控制张国梁等的手法；何桂清与曾国藩的矛盾；咸丰八年（1858年）冬何桂清会同桂良、花沙纳等赴沪与英、法等国签订《通商章程善后条约》的情况；何桂清为清军征集粮饷以及将大量漕米海运津京等地的具体数字；石达开分裂出走以及石部太平军与坚守江西的太平军的矛盾、冲突等。因此，阅读书札我们既能了解到何桂清的私事、家事、隐秘的内心世界以及他与何绍京之间的深厚情谊，又能了解到当时的社会状况和国家大事。

何桂清对待既是同乡又是同年的几位朋友，则是既重友情乡情，更重礼义廉耻，私交归私交，公事归公事，是有关照又不违反原则的公私分明，他绝对不以私废公、结党营私。

何桂清与倪应谦、倪应观两兄弟的交情最为深厚。昆明倪氏家族是昆明最大的簪缨世家，又是道德最高尚的家族。倪氏两兄弟的曾祖辈便有人考中举人、进士。其中的倪端为乾隆四十五年（1780年）庚子科举人。倪端之父病故前曾告诉倪端：曾向一位姓李的人借过二两银子，没有写借条，望倪端代他偿还。倪端忙问这位姓李的名叫什么？但父亲却断气了。为了实现父亲的遗愿，倪端变卖家产，怀里揣着银子遍寻有可能借给父亲银子的人。有两个姓李的人见有空子可钻，谎称自己是债权人，倪端虽然有些怀疑，还是把银子还给了他们。后来，倪端终于寻找到了真正的债权人，并把银子偿还给了他，完成了父亲临终前的重托。倪端中举后，赴京会试，途经卫辉住店。即将离店启程时，却发现床头有前一个住店人遗忘带走的一包银子。倪端为了亲手将银子交还给失主，只好谎称生病不能赶路，请结伴同行去会试的同乡先行，自己则在店中坐等失主。后来，终于等来了失主，并把银子交给了失主，才匆匆去追赶同伴。

倪氏兄弟的叔祖倪士元也是一位热心公益、德高望重的君子。他因学问渊博“倡修文庙、设置卷金，于地方善举知无不为”而于嘉庆元年（1796年）被举为考廉方正。此后，倪士元又带头捐资倡建莲华禅寺于九龙池。倪氏兄弟之父倪玢和伯父倪琇都是由进士及第进入官场的著名清官。

何桂清年幼时便十分仰慕倪氏家族怀瑾握瑜的德行了。考中秀才后，便与倪应谦、倪应观两兄弟结为无话不谈的好友。后来，何桂清又有幸与倪应谦成为乡试同年，与倪应观成为会试同年，并得到他们两兄弟的许多帮助。为感激倪氏两兄弟，何桂清在浙江任巡抚和在江苏任两江总督时，曾多次动用关系，想把倪氏两兄弟调到江、浙任职，以便重用和提拔。但因生性太耿直，长期担任知县等职，一直没能提升的倪氏两兄弟却婉言谢绝了何桂清的好意。何桂清更加敬重倪氏兄弟的人品，想到倪应观有一女儿与自己的大儿子年龄差不多，便早早地与倪家订了婚，与倪应观结为了儿女亲家。为感激倪氏两兄弟，何桂清于道光二十八年（1848年）丁忧回昆明守制期间，还竭尽全力指教倪氏两兄弟的堂弟倪应颐，使倪应颐于咸丰二年（1852年）考中了进士。

何桂清与昭通人李钟泰特别有缘，他们二人既是乡试同年，又是会试同年。李钟泰是道光十一年（1831年）辛卯恩科云南乡试的解元，学问很好，但中进士后在山东任知县一直没有得到升迁。何桂清任两江总督后，感到李钟泰有才而长期没能得到施展，便将李钟泰调到安徽办理军务。此后，何桂清又历保李钟泰以盐运使衔候补知府署宁国府事。李钟泰勤政爱民，竟因操劳过度，病死在任上。

何桂清与钱炘和为会试同年。昆明钱氏也是簪缨世家，早在明嘉靖八年（1529年），就有钱世贤考中进士，并官至按察使。此后，又有钱士云于清乾隆十年（1745年）考中进士，官至兵部左侍郎；钱士云之孙钱学彬于乾隆五十五年（1790年）考中进士，官至户部员外郎。钱氏一族在钱炘和之前，除三人考中进士外，还有七人考中举人，是仅次于倪氏的昆明第二大科举家族。昆明钱氏与昆明倪氏不同之处是：钱氏多三品以上的高官，倪氏无三品以上的高官。

何桂清与钱炘和，由于既是同乡，又是同年，交往也不少。第二次鸦片战争期间，英法联军攻陷了广州后，由于两国的最终目的没有达到，又于咸丰八年（1858年）三月北上到达大沽口外，以逼迫清政府谈判“修约”，若清朝政府不同意“修约”，英法联军便要进攻大沽口炮台。时任两江总督的何桂清，不主张与太平军和列强两面作战，他见局势危急，忙写信给直隶布政使钱炘和，希望钱炘和对列强的要求稍作让步，以避免重起战端。因咸丰皇帝对英法两国的态度强硬，钱炘和不敢擅自做主，对英法两国让步。四月八日（公历5月20日），英法联军攻陷大沽口。何桂清闻讯后，焦急万分，又于四月十五日写信给钱炘和，希望钱炘和以及直隶总督谭廷襄，能够像原江苏巡抚吉尔杭阿那样多与列强沟通，并说服皇帝答应列强的部分要求，以劝其退兵。这一封纯属于为国家安危考虑的劝告书信，写得既委婉又真诚，充分表达了何桂清为了国家的利益，不惜利用同乡和同年关系的良苦用心，现全文抄录于下：

英夷于咸丰三年，见我内地多故，即起戎心。经吉雨山（即江苏巡抚吉尔杭阿，引者注）折之以理，慑之以气，而又推诚以结之，故能转为我用。其推诚之法，以先破其疑团，该夷之最疑者，中华大吏不将其苦衷据实具奏。因凡有关涉夷务事件，止奉寄谕，不奉明发，而准行事件，亦作为承办之员意见，代为乞恩，非由该夷求请，故不感激而转疑中华大吏一味蒙蔽圣听也。吉雨山廉得其故，遇有可行之事，即告以据实代奏。其不可行之事，则告以尔等欲我代奏，不能不奏，然一经代奏，大皇帝必将我革职治罪。我等相好，将此顶纱帽结交朋友，无甚要紧，但不知尔等安否？设有出言悖谬之处，直告以头可断，事不能为。该夷以为不欺，尊之曰吉大人，而中心诚服矣。

现在之欲求陛见，欲求与全权大臣面晤，疑团未破也，好体面也，将此关打通，思过半矣。四夷中惟英为大，俄最小。现来四酋，英酋系该国之第二三人坐而论道者，俄酋不过一边疆小吏耳，尊卑悬殊。若专恃美、俄代为说合，多一传说之人，即多一枝节，窃恐未必有成。即幸而集事，该二夷即据为奇功，要求之事将不一而足，其将何以应之？英夷通事中，有嘎吧（即巴夏礼）、李泰国二人，最为狡狯。李泰国在上海为司税多年，最好体面，一切言语文移，均不能不出通事之手中，必得有人与之联络。法夷通事哥吐嗜，四年冬曾经谒见，星使当知其详。

英夷所欲得者，虽不知何事？而其大要不出四年分所请在镇江、汉口等处设立码头，任其所之；法夷所欲得者，给还京城天主堂，听其各处行教。揆厥情形，准则俯首听命，不准则为所欲为，前递裕公相照会内已情见乎词。全仗星使大法力，有以抑其虚骄之气而驯伏之也。若用武，则兵连祸结，断乎不可。爰承下问，谨将管见所及，附以奉闻。

然而，就在何桂清写给钱炘和的信发出不久，攻陷了大沽口的英法联军又进军天津郊外，并威胁到了北京的安全。惊慌失措的咸丰皇帝忙派大学士桂良、吏部尚书花沙纳前往天津与英法等国议和并签订了丧权辱国的《天津条约》。倘若咸丰皇帝听从何桂清的建议，在英法联军攻陷大沽炮台之前，就派出大员与英法等国谈判，并对列强提出的要求稍作让步，就不至于被迫签订丧权辱国的《天津条约》了。

统观何桂清的一生，虽然极重友情、乡情，与许多朋友保持着终身的友谊，也关照、提拔过一些朋友，甚至与他们结为一党。但他与这些朋友结为一党，并不是为了结党营私，而是立党为公，以期形成一股力量多为国家做一些有益的事。何桂清的所作所为印证了欧阳修在《朋党论》里的一段著名议论：“故臣谓小人无朋，其暂为朋者，伪也。君子则不然，所守者道义，所行者忠信，所惜者名节。以之修身，则同道而相益；以之事国，则同心而共济；终始如一，此君子之朋也。”

外交功臣

何桂清在咸丰八年（1858年）的“上海税则”谈判中，不仅为国家挽回了巨大的关税损失，而且最早将体现国家利权的关税问题纳于大清的国体之中。何桂清的这一超前思想为后人培植近代国家主权观念提供了思想养分和理论依据，是晚清的外交功臣。

清朝建立之后，世界的格局已经发生了急剧的变化，但清廷仍固守着中国传统的天朝观念，对外采取闭关锁国的政策。在清廷看来：中国位居世界的中心，是主宰四海的天朝上国，世界上的其他国家都是没经教化的蛮夷或弱小的藩属；中国地大物博，无求于世界诸国，没有必要与其他国家进行平等的贸易；世界上的其他国家的使臣来中国都是前来朝圣和进贡，必须向中国皇帝行三跪九叩之礼，这样才符合天朝的国体。在清朝的皇帝看来，所谓国体既不是表明国家根本性质的国家体制，也不是关乎国家权利的主权和关税，而是君主的尊严和上国的体面，即君主个人的尊严和面子高于一切。

由于清朝皇帝的天朝观念根深蒂固，外国使臣来到中国，凡是不愿对中国皇帝行三跪九叩之礼者，都会遭到清朝皇帝的拒见和斥责。清乾隆五十八年（1793年），英国马戛尔尼使团以为乾隆皇帝祝寿的名义来到中国。对于祝寿而来的马戛尔尼使团，清廷最初是持欢迎态度的，并表现出前所未有的重视。乾隆五十八年（1793年）的六月，马戛尔尼使团到达天津。钦差大臣徵瑞亲赴天津接待。然而，正式的外交接触尚未开始，礼节冲突便开始发生。清廷要求英国使臣按照各国贡使觐见皇帝的一贯礼仪，行三跪九叩之礼。英使认为这是一种屈辱而坚决拒绝。礼仪之争自天津，经北京，而继续到乾隆帝避暑的热河，乾隆帝闻讯，勃然动怒。八月五日，他颁旨说道：“英吉利国使臣等前来热河，于礼节多未谙悉，朕心深为不惬。伊等前此进京时，经过沿途，各地方官款接供给，未免过于优待，以致该贡使等妄自骄矜……此等无知外夷，亦不值加以优礼。”

由于乾隆皇帝和马戛尔尼对觐见时的礼仪都不肯让步，马戛尔尼差点无功而返。最后，中英双方终于达成了协议。八十三岁的乾隆皇帝在热河避暑山庄接见并宴请了英国使团，接受了英使呈递的国书以及中方认为的贡品，英方认为的礼品，乾隆皇帝也向英王及使团赏赐了礼物。马戛尔尼等人觐见乾隆皇帝时究竟行的何种礼节？中英双方的记载不同。和珅的奏折说：“该贡使等向上行了三跪九叩头礼。”而英人却说马戛尔尼等人按照觐见英王的礼仪单膝跪地，未曾叩头。

清嘉庆二十一年（1816年），英国政府又派遣以阿美士德为首的使团前来中国。使团来到中国之后，觐见嘉庆帝的礼节又成了争执的焦点。嘉庆帝要求阿美士德等人必须行三跪九叩之礼。阿美士德本人对此并无定见，他向两位副使征求意见。埃利斯认为必要时可以妥协，遵从中国礼制。斯当东则坚决反对。由于斯当东有来华访问的经历，又一直在东印度公司任职，对中国的国情比较了解，而他的意见实际上又代表了东印度公司董事会的看法。因此，阿美士德采纳了斯当东的意见，坚决拒绝行跪叩礼。清廷负责接待的大臣反复向英使臣劝说，甚至以拒绝入觐，饬令回国施加压力，都毫无效果。嘉庆帝又派理蕃院尚书和世泰、礼部尚书总管内务府大臣穆克登额二人为钦差大臣，赶赴通州，再行劝说，并以七月六日作为最后期限。不知和世泰等人出于什么动机，他们于七月二日含糊其辞地奏报：“奴才等会同演习，该贡使等礼节尚未如仪。奴才等现仍设法开导，俟遵照行礼，即行奏闻。”七月五日，在嘉庆帝规定的最后期限的前一天，他们竟联名上奏：“该贡使等仰荷天恩，至诚感服。奴才等随令其演习礼节，起跪不甚自如，勉力尚堪成礼。”嘉庆帝以为英使妥协了，“恭顺可嘉”，下令和世泰等带使入京，并钦定了使臣的活动日程。然而，事情的真相是，所谓演习礼仪完全是和世泰等人的凭空捏造。英国使臣不但没有演习仪礼，而且连类似的口头表示也没有。为了蒙混过关，和世泰决定让使臣头天晚上由通州出发，连夜奔波赶到北京，第二天清晨在圆明园正大光明殿朝觐。那时，使臣一定疲惫不堪，行礼时，派员带领，连拉带拖，草草成礼。哪知道，阿美士德早已识破此计，到达圆明园后，以礼服未备为由，拒绝入内觐见。而此时清廷的王公大臣早已穿戴齐全，集合等待。和世泰无法应对，谎称：“正使病倒，不能进见。”嘉庆帝传旨召见副使。和世泰又称：“副使亦病，俟正使痊愈后一同进见。”

“天朝”皇帝的尊严受到了戏弄，嘉庆皇帝勃然大怒，谕令使臣即日回国，和世泰等人严加议处。第二天，嘉庆帝了解到一些内情，怒气才稍减。为了表现上国的气度以及给英国国王保留一点面子，嘉庆帝下令加恩追收使臣带来的地图、画像等贡品，回赠英王白玉如意、翡翠玉珠等礼物，并令广惠伴送英使按照指定的路线到澳门，再令他们起航回国。为了避免再次发生这类不愉快的事件，嘉庆帝派遣大臣给使团送去一份给英王的教谕。明确指出：“尔国距中华过远，遣使远涉，良非易事，且来使于中国礼仪，不能谙习，重劳唇舌，非所乐闻。天朝不宝远物，凡尔国奇巧之器，亦不视为珍异……嗣后无庸遣使远来，徒烦跋涉，但能倾心效顺，不必岁时来朝始称向化也。”

阿美士德等人的访华以失败而告终，而且比马戛尔尼的失败更惨。他们到达了北京，却连嘉庆皇帝的影子都没有见到。因此他们不仅没有完成英国政府的使命，而且还损伤了英国国王的颜面。英国政府派他们访华，本是希望得到中国对英国的好感，趁机在中国谋取一些利益。然而，礼仪之争使英国的一切希望化为了泡影。中英两国之间的关系不仅丝毫未能得到改善，反而更加疏远了。而清朝皇帝也加深了对英人的戒备心理。英国政府更是大失所望，认为用外交方式无法达到与中国通商的目的。从此，英国的对华政策发生了转变，放弃了和平外交的方式，逐步形成了用武力摧毁清廷闭关自守的炮舰政策。

由于英国早就想打开中国闭关自守的大门，与中国通商贸易，并在中国取得某些特权。道光二十年（1840年）和咸丰六年（1856年），英国终于对中国发动了两次鸦片战。两次鸦片战争中国均以战败告终，第一次鸦片战争战败，中国被迫与英国签署了丧权辱国的中英《南京条约》；第二次鸦片战争战败，中国又被迫与英、法等国签署了丧权辱国的《天津条约》《北京条约》等。从此，中国已面临着被帝国主义列强瓜分的危险。

道光二十年（1840年）的第一次鸦片战争，开始改变中国人“侈张中华”的虚骄心理。一些有识而又务实的中国人，开始关注原来不屑一顾的夷人，并研究如何对付他们的坚船利炮。如到广东禁烟的钦差大臣林则徐为了“制夷”的需要，在广州“日日使人刺探西事，翻译西书，又购其新闻纸”，成为近代中国“开眼看世界的第一人”。林则徐网罗了许多懂西文的人翻译了慕瑞的《世界地理大全》，又经林则徐润色，编写成《四洲志》。《四洲志》一书近八万字，介绍了世界五大洲三十多个国家的地理、历史和政情，其中许多内容是中国人闻所未闻的，例如关于英国的立宪制度和美国的民主制度的介绍就是非常新颖的。继《四洲志》之后，林则徐的朋友、湖南人魏源又在《四洲志》的基础上，广泛收集资料，编写出了一部五十卷的《海国图志》。《海国图志》于道光二十三年（1843年）初次刻印后，魏源又不断地修改、充实，分别于道光二十七年（1847年）、咸丰二年（1852年）刻印出了六十卷本和一百卷本的《海国图志》。该书系统地介绍了世界各国的地理位置、历史沿革、气候物产、交通贸易、文化教育、科学技术、宗教、历法、民情风俗、中外关系等。书中的资料极为丰富，征引文献和资料近百种，其中有二十多种是外国人的著述。书中关于世界各国概况的介绍，无论是文字还是地图，都主要是利用外国人的著述。因此魏源说他的这部书的特点就是“以西洋人谭西洋”。这就使这部书在知识的准确性上比以往那些中国人编著的“中土人谭西洋”的著作有了明显的进步。因此，该书是一部内容丰富、表述准确的百科全书式的巨著。更可贵的是，《海国图志》中还有许多作者的议论，如魏源提出了“师夷长技以制夷”的主张。他还说：“夫夷、羌、狄之名，专指残虐性情之名，未知王化者言之……非谓本国而外，凡有教化之国皆谓之夷狄也……诚知夫远客之中有明礼义、上通天德、下察地理、旁彻物情、贯串古今者，是瀛寰奇士、域外良友，尚可称之为夷狄乎？”《海国图志》的问世，大大地开阔了中国人的眼界，使一些中国人初步建立起世界观念。如果说林则徐是近代中国“开眼看世界的第一人”，那么《海国图志》就是近代中国人开眼看世界的“第一书”。

《海国图志》的问世，在少数头脑灵活、不故步自封的中国人中，产生了巨大的影响。于是道光进士、福建巡抚、山西人徐继畲又编写了《瀛寰志略》并于道光二十八年（1848年）刻印。此外，还有梁廷枏著《海国四说》、姚莹著《康辅纪行》等。这些书籍的问世，对部分中国人来说，可谓振聋发聩。它打破了中国位于天下的中心，中国的文化最优秀、中国的政治制度最合理、华夏民族最优秀的华夏中心观，还打破了只能“用夏变夷”，不能“用夷变夏”的传统观念。

中国的内忧外患和西学东渐，自然引发了何桂清的密切关注，他公务之余，时时思考着如何应对列强的坚船利炮，他如饥似渴地阅读着魏源等人的著述，并与林则徐、魏源等人有着或深或浅的交往。

清咸丰六年到十年（1856年~1860年）间，英法两国又向中国发动了一次侵略战争。由于这次战争发生的原因和性质都和第一次鸦片战争相同，所以史称为第二次鸦片战争。第二次鸦片战争是由英帝国主义者制造“亚罗”船事件直接引起的。咸丰六年九月（1856年10月），广东水师在广州附近停泊的中国船“亚罗”号上逮捕海盗，这本是中国的内政。但是，英国驻广州领事巴夏礼却以该船曾在香港登记（事实上登记证已经过期），应受英国保护为借口，硬说中国水师侮辱了英国的国旗，向两广总督叶名琛提出释放被中国水师逮捕的全部水手，赔礼道歉并允许英人进入广州等无理要求。接着，英国军舰便驶进珠江攻打广州附近的中国炮台，并炮轰广州城，发动了又一次侵略中国的战争。

咸丰七年（1857年），英国全权大臣额尔金率领一支海陆军到香港。法国也以“西林教案”（1853年法国天主教神甫马赖在广西西林县进行侵略活动。1856年，西林知县迫于百姓的公愤，依法将马赖处死）为借口，命葛罗为全权大臣率军来华。美、俄两国派公使和英国联系，表示支持英、法两国，以便从中趁火打劫。

咸丰七年十一月（1857年12月），由于两广总督叶名琛防备不力，英法联军攻陷了广州。十一月二十日（1858年1月6日），叶名琛在都统衙门内花园八角亭被联军俘虏，随后被带往联军司令部。叶名琛（1800~1859年），湖北汉阳人。道光十五年（1835年）考中进士，是何桂清的同年，与何桂清有交往。道光三十年十二月十日（1851年1月11日）洪秀全在广西桂平金田村宣布起义，广东各地纷纷响应。身为广东巡抚的叶名琛先后镇压了清远、英德、廉州、儋州、高州、韶州和珠江流域的起义，因此得到咸丰皇帝的赏识。咸丰二年（1852年），继原两广总督徐广缙之后担任两广总督，后加太子少保衔，拜体仁阁大学士，继续留任两广总督。

英法联军虽然攻占了广州，但却遭到广州百姓和团练的激烈反抗，损失也不小。咸丰八年三月（1858年4月），英、法、美、俄四国使臣北上至大沽口外，用武力威胁清廷"修约"。面对如此巨大的内忧外患，身为两江总督又较了解列强的何桂清，认为朝廷对外国列强和太平军不能两面用兵。列强虽然气势汹汹，但主要是想与中国扩大贸易，在中国取得一些特权，一时还不会威胁到国家的生存，而且列强之间利益不同，也有矛盾，应分化瓦解。若对气势最凶的英、法两国适当做出一些妥协让步，就可以使英、法两国从广州撤军。英、法两国安抚了，美、俄两国也就不便单独挑起事端。而占据着江苏、江宁（今南京）、安徽、江西等中国最富裕之地的太平军，才是心腹之患，必须迅速将其剿灭，必要时还可借助洋人的力量消灭太平军。待剿灭太平军后，再全力对付列强。在如何对付列强的问题上，何桂清还有这样的想法：目前在敌强我弱的情况下，不切实际地强硬，会遭到更大的失败和羞辱，其损失会比目前的损失更加巨大；审时度势地妥协，却能避免更大失败和羞辱，并能以较小的损失，得到较长时间的安宁。基于以上的想法，何桂清于咸丰八年三月初二（1858年4月15日），向咸丰皇帝上了一个《对外不宜用兵折》，想说服咸丰皇帝向列强适当妥协，以避免更大的冲突。该奏折分析明晰、说理透彻，很能体现何桂清的思想，特全文引用于下：

> 窃正二月之交，新任两广总督臣黄宗汉道出苏、常，臣等与之议论夷务，据云：恐须先剿后抚，江、浙为广东后路，将来兵与饷二者，不能不籍资江、浙等语。臣（等）思先剿后抚，诚不易之道。现在东南十一省，湖南、湖北、福建肃清未久，逆氛不远，征调繁兴，且时有回窜之虑。浙江虽称完善而调兵募勇，西南防江西、福建，西北防江苏、安徽，东面则汪洋大海，宁波为通商码头，本境之土匪时欲蠢动，攘外安内，几与用兵省分相同。又北路捻匪出没于皖、豫之间东剿则西窜，南来则北起。设使再启边衅，则内寇外患，交并而来，又将从何措手？此就天下

大势而论也。

若夫夷务情形，臣等虽未稔悉，而稽考往事，道光年间，林则徐任两广总督时，其才其力，足以制夷。该夷计无可施，即逞其狡谲，犯我定海，从此反复不定，用兵数年，沿海沿江之区，无不被其蹂躏，而江苏之受害独深，究归于五口通商而后已。今该夷违背条约，窃踞我城池，掠劫我大臣，凡有血气者，无不切齿痛恨，欲食其肉而寝其皮也。广东民情，尚气嗜利，于窃踞之初，该夷设守未坚，因民之忿，攘臂一呼，从者必将响应，歼丑类而复城池，易如反掌。乃迁延将及三月，闻该夷已在城内外修筑炮台，据守要隘。将军巡抚为所挟制，出示解散民心，开市贸易，则民气馁矣，民利得矣，虽有公正绅士，守法良民，起义愤于崇朝，皆非习于战斗之人，诚恐此时粤东义民，已不若数月以前之足恃。或者曰："捣其香港巢穴，即不虑其不缴还城池。"而臣等详加访询，香港孤悬海外，该夷之巡防甚严，我之兵民若携枪炮而往，彼以火轮船兵船拦截，必不容我登岸；若徒手而往，安能与枪炮相敌？此就广东民情而论也。

设调浙江健将劲兵，前往剿洗，无论金陵功在垂成，未可松劲，三衢正当吃紧，未便疏防，而且跋涉长途，兵力先疲，饷亦不继。即使竭蹶张罗，克期抵粤，仰赖圣主如天之福，一鼓而告厥成功。恐该夷以此次奉大学士行文，饬令回粤听候查办，致受创惩，必将复来上海，谓我失信，与我构兵以洩其忿。上海固受其祸，其他沿江沿海之地，更防不胜防。江、浙二省，兵无可调，饷无可筹，如是再求援于广东已无及矣。况广东用兵，已难期必胜，倘日相持，或竟稍有挫折，则夷势更张，转圜更难，各路土匪亦将蜂起。上海即幸无事，而饷源断绝，金陵大营即不可复问，天下事尚可问乎？此就江、浙两省不能援济广东兵饷而论也。

有此三者，则办理夷务，不得不揆度时势，以柔制刚，钦遵谕旨，设法查办，未便轻言用兵。今英、美、法、俄四夷连樯前来上海，其势颇张，若非商同吴健彰用釜底抽薪之法，消沮其桀骜之气，竟有不堪设想者。其天津之行，势虽难阻，而叩关请命，犹是外夷乞怜常情。仰恳皇上天恩，俯如臣等前折所请，钦派大臣与之接见，稍加[假]以词色，使无衅可寻。与之筹定大局，令其缴城息兵，再饬回粤另论条款，以纾目前之急。俟内寇稍平，饷需充裕，然后卧薪尝胆，简练水师，再相机办理，以复国仇而申天讨，亦不为迟。

盖闻现在与我通商之国，实繁有徒，不第

英、美、法三夷而已也。因五口码头为英夷所创立，美夷则能独树一帜，不受英夷钤制；法夷则为天主教祖国，其入中国也，较英、美二夷为早，亦自称雄。凡各国之前来贸易者，分附于该三夷名下，悬其旗号。该三夷即重抽其货税，一二十倍于我之关税，以为募兵争长之计。大约英夷得十之七；美夷得十之三，法夷则不及十之一，得利即有悬殊，故有事虽合而为一，无事即各不相能。俄夷亦附于英夷，往来五口，贸易有年，既不甘英夷之抽收重税，又未奉天朝之命，故不敢自立码头，遂有往来吁求之举。观俄夷前投军机处照会，系附入美夷文内，而不附入英夷之文，是英、美之不相能，俄欲舍英而就美，已有明证。犬羊之性，反复靡常，似不难设法离间，以夷制夷，使之互相携贰，渐行削弱也。若仅用此法以制之，则一衰必有一盛，仍非善策。各该夷所恃者，船坚炮利，我之师船，断难与之争锋，惟有夺其所恃，转为我用，才能制其死命。盖该夷等惟利是视，虽至坚至利之物，亦不难以重价购而得之。我之元气即足，即用反间之计，以购买其船炮，弱者植之，使之助我；强者锄之，使之不敢恣肆，则夷患平而边衅弭矣。由今观之，似当如此，倘日后情势变迁，又不能执一而论。是在办理五口通商之钦差大臣，统筹全

局，随机布置，勿仅顾粤东一省，该夷虽甚狡谲，无能为也。（见《筹办夷务始末》第二册）

咸丰皇帝看了何桂清的奏折后，虽然很赞赏何桂清的见解，并批示："所奏实为明晰。"但年仅二十七岁的咸丰是一个志大才疏、好大喜功、急于求成又自以为是、固执己见、见识短浅的人，他有时清醒，有时糊涂，常常被偶然的小得、小胜冲昏头脑，彷徨于攘外、安内之间，有时甚至认为攘外、安内可同时进行，一举便可达到天下太平的目的。因此，他并没有听从何桂清的劝告，不肯对英、法两国稍稍妥协，要求已经到达上海的英、法等国的代表先退回广州再听候处理。何桂清发现已经到达上海的英、法兵船来者不善，忙于咸丰八年二月二十五日（1858年4月8日）上《各使如赴天津请敕直隶总督应付折》提醒咸丰帝令署直隶总督谭廷襄做好防英、法进攻大沽炮台和天津的准备："臣等查向来夷酋到口，皆由各夷领事先行知会苏松太道，定期于某日前来谒见。此番前来，先行放炮示威，不独并不知会苏松太道，即臣等照会，亦不即日答复，其情实属叵测。薛焕、吴健彰等历探情形，虽多虚疑恫喝，而该夷因兵费重，急欲通商，不遵回粤，欲赴天津之说，恐非无因。臣等已飞饬薛焕、吴健彰妥为设法开导，诚恐该夷酋不复不见，竟赴天津。海运漕米一过二月初八日，即在崇明之十滧乘风放洋，陆续赴津。各船户遇有夷船，虽自知趋避，而已经进口，及无海岛可依所在，实逼处此殊为可虑。且内寇未平，边患又兴，设该夷竟在天津及沿海沿江肆其狂悖，则更难措手。臣等窃维该夷等，既在广东称兵犯顺，而历厦门、福州、宁波以至上海，尚不敢遽肆鸱张，是其愧怍之心尚存。可否因势利导？请旨敕下直隶总督，倘有夷船到津，先行设法，妥为羁縻，一面钦差熟悉夷情之大臣，与之就近议定大局，令其缴城息兵，再饬赴粤另议妥善条款，借以维持国体而弭衅端。再，据吴健彰密禀：该夷之贸易，以茶叶、湖丝、吗喇哔三项为大宗。会议时，自应将此三项加重收税，而于另项货物酌予减免，则挹彼注兹，必当有盈无绌。现值军需浩繁之时，应否从权办理？恭候钦定。”咸丰八年四月（1858年5月），英、法两国的军队攻陷大沽炮台，直扑天津且威胁到了北京。束手无策的咸丰皇帝在惊慌之余，忙派遣桂良、花沙纳为钦差大臣去天津议和，与英、法、俄、美订立了比英、法两国攻陷大沽炮台前的妥协，损失更巨大的《天津条约》。

签订于咸丰八年五月十六日（1858年6月26日）的中英《天津条约》，其中的第七款规定：大英君主酌看通商各口之要，设立领事官，署领事官与道台同品；副领事官、署副领事官司及翻译官与知府同品。视公务需要，衙署相见，会晤文移，均用平体。第九款规定：英国民人准听持照前往内地各处游历、通商，执照由领事官发给，由地方官盖印。经过地方，如饬交出执照，应可随时呈验，无讹放行；雇船、雇人，装运行李、货物，不得拦阻。如其无照，其中或有讹误，以及有不法事情，就近送交领事官惩办，沿途只可拘禁，不可凌虐。如通商各口有出外游玩者，地在百里，期在三五日内，毋庸请照。惟水手、船上人等，不在此列，应由地方官会同领事官，另定章程，妥为弹压。惟江宁等处，有贼处所，俟城克复之后，再行给照。第十五款规定：英国属民相涉案件，不论人、产，皆归英官查办。第十六款规定：英国民人有犯事者，皆由英国惩办。第二十六款规定：两国于签约后立即由清廷派户部大员赴上海与英国代表谈判修订中国海关税则等善后事宜。

中英《天津条约》签订后，列强进攻天津、威胁北京的危机过去了。咸丰皇帝又对所签的条约十分后悔，将桂良等签约大臣痛斥一顿，认为《天津条约》是一个丧权辱国的条约。《天津条约》的确是一个丧权辱国的不平等条约，但咸丰皇帝对真正有损中国主权的第十五、第十六款竟没有意识到，只对条约中外国派员驻京，内江通商，及内地游行（旅游），赔缴兵费始退还广东省城四项最为反感。他决定借条约的二十六款，即要与外国人在上海谈判税则之机，以全免外国货物进口关税的条件换取外国对这四条的放弃，并认为这是消除中外争端的"一劳永逸之计"。咸丰皇帝的这个看法和决策，既是西瓜芝麻不分，又天真无知，然而他却认为很英明，要桂良、花沙纳在谈判中贯彻执行，后又命两江总督何桂清参与谈判，以协助桂良、花沙纳。咸丰皇帝是一个危急时什么条约都肯签订，危急过后又不愿意承认条约，履行条约的人。而事实是：推翻条约从来都是强国的专利，弱国是不可能推翻条约的，若不履行条约，其结果必然遭到强国更沉重的军事打击，又被迫签订对国家危害更大的条约。咸丰皇帝不明白这个浅显的道理，故签约不断，悔约不断，他还指示一些督抚不要遵守条约。其结果是：列强重开战端，国家的损失越来越大。到咸丰十年七月（1860年8月），面对着英法联军更猛烈的进攻，咸丰只好仓皇逃往热河避难，并病死在避暑山庄。为使列强从中国撤军，清廷只好与英国签订了更加丧权辱国的《中英北京条约》。该条约除确认中英《天津条约》有效外，还增开天津为商埠，割让九龙半岛给英国，赔款从原来的四百万两增至八百万两。咸丰十一年十二月（1862年1月），英国公使卜鲁斯曾向奕訢呈递数千言的照会。照会中说："两国始终不和之缘，总由各省督抚于外国交涉事件，并无尽心守约之理。""外省大吏任便自行，或不谨守约条，或敢私为改易，殊非内外友谊之道，实易开嫌隙之源。"照会还列举了地方官不遵守条约的种种事例。卜鲁斯的照会，自然是为英国多次无理进攻中国寻找借口，但也揭示了这样一个事实，咸丰皇帝以及一些督抚没有遵守条约。

何桂清也想推翻这些不平等的条约，但他认为复仇只能是勾践式的，在中国的实力没有发生根本变化时，即没有把握打败列强时，还是以遵守条约为上，遵守条约可以使列强无借口衅事，这样便可以避免更大的损失。何桂清早在道光二十年（1840年）的第一次中英鸦片战争后，便潜心研究外国的国情和与外国人打交道的洋务。此时，他已对英、法、美诸国的历史文化、风土人情、契约理念、以商业立国的国本以及外交习惯、官员与商人的区别等有所了解。对如何与外国人交涉早已成竹在胸。为了使国家在“上海税则谈判”中少受损失，何桂清决心先安抚各国使臣，稳住他们的心；再说服桂良、花沙纳等人不能执行咸丰皇帝的以全免外国货物进口关税的条件，换取列强放弃“公使驻京、内江通商、内地游历及赔偿交清后始退还广州”的内定办法；最后自己再单独和与桂良、花沙纳联名上疏劝阻咸丰皇帝，向皇上说明列强不会放弃条约中的这四个内容，若先提出全免外国货物进口的关税，则国家会白白损失数额巨大的关税。而关税可以接济军饷，全免进口关税，会使镇压太平军的军费筹措无着，影响战局。

何桂清是这样想的，也是这样做的。而此时，英使额尔金、美使列卫廉、法使葛罗已分别于六月初二、初四、初十等日乘船由海路先期到达上海。而由咸丰帝派往上海谈判的钦差桂良等人却行动迟缓，在何桂清的几次催促下，两副使明善、段承实才于七月十一日从北京启程，而两正使桂良、花沙纳从北京启程的时间比两副使还晚了八天。额尔金等人对清廷的拖延十分不满，威胁要返航天津，重新考虑停战的决定。何桂清意识到倘若额尔金等人一气之下离开上海，结果对中国更为不利，忙上疏咸丰皇帝，建议先派江苏按察使薛焕与各国驻上海领事商谈税则的修改为名，先稳住、拴住额尔金等人。咸丰皇帝也担心额尔金等外国公使等得不耐烦，驾兵船北上，重开战端，便同意了何桂清的建议。作为何桂清下属的薛焕，对何桂清的才干十分佩服，对何桂清的推荐更是十分感激，忙写信给何桂清，表示一定听从何桂清的指示，尽力在商谈中减少国家的损失："津门条约，缘桂中堂（指桂良。引者注）等未悉该夷底蕴，未与辩驳，以致见者不忍卒读。此次来苏有宫保先（"宫保先"是薛焕对何桂清的尊称，何桂清此时有太子少保的官衔。引者注）主持机要，弟在沪经年，颇留心此事，定当对症拟方。容赴常请示就正，谅可稍为补救一二。"（见中国史学会主编《第二次鸦片战争》第三册）薛焕说的是实情，《天津条约》之所以对中国损害较大，原因之一就是主持谈判的桂良对列强要达到的目的不太清楚，没有讨价还价、据理力争，若何桂清参与谈判，中国的损失就会小一些。何桂清是中国当时比较了解列强心思的一个人，他的很多看法也高人一筹。如早在英法联军进攻大沽之前，何桂清就劝叶名琛的继任、两广总督黄宗汉（字寿臣）对英法的一些要求稍作让步，以避免英法再开启战端，黄宗汉却不听从劝告或不敢擅自做主。后来，英法联军北上，又攻陷大沽炮台，迫使中国签订了《天津条约》。何桂清曾把他当时的许多看法和主张于咸丰八年（1858年）写信汇报给他在京城的密友自娱山房主人："……正月底痛哭寿臣之不听弟言，总说不要紧（只管教他上天津），其实彼时所求者，不过寿臣未允之五事也。若爽快办理，可以保其无事，一至海口，即于数日之内爽快了结亦无事，必定要待失炮台，直抵津门，作城下之盟，桂、花（指签订《天津条约》的大学士桂良和吏部尚书花沙纳。引者注）所欠者一死耳，谁真告奋勇者。空言无补圣明，亦付之一叹，此事断非议论所能争。夷之咨文，其看破我们伎俩，已不待言。若使得窍，不许入江（唯此条非此时所能挽回）一条，其余一百四十余条弟皆能暗中挽回，使之白用心机。虽然事已至此，除入江一条缓商外，弟仍思暗中挽回，请看复咏莪之书，皆鄙人所不忍之事也。然已办有把握（即如李泰国在天津，视宰相如儿戏，其在上海则大不然，并能出力，此何说也），星使若速到来，即不致中变，倘再似春夏之间，以羁縻搪塞为得计（无一有识之人，令人寒心。五月初间，闻失海口，本拟委员坐海船来津调停，后以都中人人义愤，欲食夷人之肉，故不敢言抚），则大事去矣。至于驻京一层，只要外间不受制于人，又何足虑哉。外间能处处齐心，要打就打，岂敢安稳驻京哉。车夫、土暴皆得而侮之（王法更得而治之），其不敢侮者，以一处未曾预备也。知己知彼，方能百战百胜。弟二月撰时度势之文，系各夷心事举动，和盘托出，欲其知彼，且均系二月情形，摺尾已声明，并云事平之后，即卧薪尝胆，拣练水师，我之元气稍复，即以重价买彼之船与炮，再用离间之法，使之互相猜疑，弱者植之，使之助我；强者锄之，使之不敢恣肆。”薛焕在何桂清的领导下，很快与外国公使的随员就修改税则等达成了一致，稳住了威胁要返航天津的额尔金等人。

咸丰八年八月初八日（1858年9月14日）何桂清上奏咸丰皇帝：“今在天津所议条款，任其周游天下，无论何货，互相贸易。则我内地货物，亦听其在内地兴贩矣，垄断罔利，莫此为甚。譬如江苏一省，精华全在上海，而上海之素称富庶者，因有沙船南北贩运。逐十一之利也。今听该夷将上海货物，运至牛庄，各处货物，运至上海，资本既大，又不患风波盗贼，货客无不乐从。而上海之商船船户尽行失业，无须数月，凋敝立见。以此类推，胥见天下之利柄尽归于该夷，而我藏富于民之术穷，民财既尽，即无恒心，其患有不忍者。故臣与薛焕商之抚臣赵德辙、藩司王有龄，急欲示之以信，乘其驯伏之时，收其利柄，徐图后计也。”（《请敕桂良等兼程来苏折》，见《筹办夷务始末》三）

咸丰八年（1858年）八月十四日，参与“上海税则谈判”的副使明善、段承实终于到达了何桂清的驻地常州。何桂清尽力说服明善、段承实两人不要向外人透露咸丰皇帝要全免进口关税的旨意。明善、段承实二人觉得何桂清的提醒和劝告十分有理，便向咸丰上了一个暂缓宣布免税的奏折。咸丰看到奏折后，仍不以为然，于八月二十三日谕令明善、何桂清按原定办法办，“此时须将全免税课一层，明白宣示，……此为一劳永逸之计。若如明善等所拟办法，即使该夷目前应允，日后必来饶舌，终无了局”。咸丰还特别指示何桂清，“如于地方大局有碍，亦只可稽为变通，而大局不可更改，仍当遵办为要”。何桂清对咸丰帝的指示并不接受，又向咸丰帝上了《利柄必应收回税则不可轻免》等奏折。他在这几个折子中阐明：“今事已如此，惟有就会议税则，为补偏救弊之计，似未可顿改前约，以致借口失信，另起波澜；臣惟征收关税谓之稽征者，稽查其出入之货是否违禁，而征收其税也。若不征其出入口货税，则无所稽考，竟可任听该夷将我内地货物，即在内地贸易，胥天下之利柄归于该夷，而我民穷财尽矣……。臣愚以为利柄以必应收回，税则不可轻免者在此也。”“中外交涉事件，有不能凭律例以决断者，全恃条约以为范围。若不收其关税，则与万年和约及广东省原定旧章不符，一事废则百事俱废，天津之条约又作罢论，该夷又将借口万年和约亦已废弃，毋庸再议。就抚之凭据毫无，更难措手。……”也就是说，如果免除关税，则与条约相背，其后果是办理交涉失去凭据，一切无从谈起，局面将更加混乱复杂。

咸丰帝看到何桂清的这些奏折后，十分生气。于八月二十九日发给何桂清上谕，指责何桂清反对免税是“恐属员虑及免税后，无可沾润，因而设词淆惑”，严令何桂清“不可自出己见，致妨大局，必须从速遵照内定办法，否则从重治罪”。咸丰帝的这一措辞严厉的上谕，何桂清是九月初九日才收到的。而一心想为国家挽回一些损失的何桂清，在看到上谕前的九月初三日，和看到上谕后的九月十三日又分别向咸丰皇帝上了一个奏折。他在九月初三日的《免税开禁无裨大局现另筹挽回之法摺》中说："各夷中之往来贸迁者，谓之夷商，总理各口贸易事宜，取其盈余以供国用者，彼初称为公使，今则僭称大臣，我则目之为夷酋；其领事等类，乃夷酋所属之人，是夷酋与夷商分而为二者也。江海关征收夷税，向由夷商将货物清单报明领事，转报海关稽征，明立文案，中外皆有册籍可稽，并无浮收及征多报少之弊。若清查、浮冒，则该夷并无赔累，夷酋夷商均不知所感也。税出于商，与夷酋无涉，若免其出入口税课，夷商固属乐从，夷酋仍不知感也。鸦片烟我虽有禁，彼则仍然贩运，今欲改其名而驰其禁，则内地匪徒，不至于聚众护送，酿成巨患，其利系在我，于夷酋夷商均无出入也。其称兵犯顺，因夷酋不能进广东省城与钦差大臣会晤起见，故先窃据广州，而欲诣阙，皆系夷酋虚骄之气，与夷商无与也。驭夷之法，似应推求起衅之由，顺其性而驯之，方有把握。否则转以钦差大臣所定条约既不足恁，更坚其请觐之念，另起衅端，所关实非浅鲜。臣先向明善、段承实详细告知，而段承实先于渡江时，遣派随员前赴上海，暗访明查，亦属无从下手。桂良等到常后，臣又细加密商，意见相同。现在另筹转圜之法，将第一紧要事件设法办理，以冀仰慰宸廑。"（见《筹办夷务始末》四）九月十三日的奏折

《洋务皆由各使启衅宜借征税为稽查以杜其渐折》云：“若全免其进出口货税，利归于夷商，所有广东商亏银二百万两，或可不偿，而与夷酋无涉，其兵费仍在也。一经宣布德意，窃虑更肆狡诈，以为此系大皇帝于《天津条约》之外，特沛恩纶于夷商，而夷酋之所仰望者更奢。不独所许各项不能全行罢议，且将并一二事而不能消弭，从此借口要求，转生枝节。至鸦片烟之驰禁与否，利害全在于我，于夷酋夷商皆无出入，臣前已详陈之矣。倘该夷于得遂其欲之后，即扬帆而去，洵为一劳永逸之计。而后之盘踞者，仍不止五口，若不借征税为稽查，则华夷不分，更无约束，滋生事端，当不待崇朝。此臣所谓杜其渐之情形也。臣维驭夷之法，从古以来，并无善策，当兵精饷足时，鞭捶四夷，如使左右手；一遇中土多故，即乘间而起，无不深受其害。今各该夷尚假信义以通商，故臣欲示之以信，顺其性而驯之，使之就我范围。虽日后之饶舌，诚不能保其必无，而免其税课，即能俯首听令，亦不能决其必遵。况自用兵以来，八旗绿营官兵估俸饷甲米等项，发不以时，亦不足数，穷困已极。该夷布散汉奸，好行小惠，为之探听消息。即内定办法，臣于晤见明善段家实后始知其详，而夷商则已早有所闻。此必有汉奸佯为我献策，而阴为该夷通信者。捐纳京贡，混迹京都，想亦不少，臣惊讶之余，实深危惧！”（见《筹办夷务始末》四）

桂良、花沙纳两正使抵达常州后，何桂清又向他二人反复说明以全免外国货物进口关税的条件换取外国放弃条约中的四项内容行不通，“即以内定章程，实难照办”。桂良、花沙纳二人也认为何桂清的看法很有道理。于是，桂良等人便向咸丰皇帝上《桂良等奏英使尚未旋沪折》《桂良等奏连日与各国会议条约万不能动折》。这两个奏折云：“迨行抵常州，接见督臣何桂清，即以内定章程实难照办，向奴才等言及。奴才等亦甚觉其坚执己见，然当时会衔具奏，即照督臣所议。及奴才桂良、花沙纳回船后，私自商量，且俟到上海后，察看情形如何，再为据实直陈，请旨遵办。嗣因到沪，明探暗访，方知纵能免税，亦难罢弃条约，故未能遽行宣露，诚恐税课全免，仍于大局无济，更觉失算，且细体督臣现所商办之意，尚属周妥。”“奴才等接着与彼正面交涉果然如此，英法等国总是表示，‘条约以外之事，均可商量，条约既定之说，万不能动。’”而何桂清在看到咸丰帝对自己的那份措辞严厉的上谕后，仍不顾个人安危，与钦差桂良等人联名向咸丰上《免税有十可虑折》。该奏折向咸丰帝指出，所谓一劳永逸者，原以免税之后，夷人即将一切于求悉归罢议，仍照旧于五口通商，故能有益大局也。今若免税而该夷仍执定见，不肯轻弃条约，我亦何必免其纳税乎？至于夷人交纳税课，锱铢洞悉，全不容我浮收，非十三行未撤之时可比。内地税官亦无从而沾润，皆有报部册籍及夷人收数可查。是原定章程，行之于道光年间未撤洋行以前，诚可以一劳永逸，而行之于今日，究与时势不甚相合也。目下该夷心怀诡谲，早虑臣等此来有更动条约之举，多方闪烁，使我不得启齿。前借广东饶舌，尚不过小试其端，然已几于决裂。若遽宜露免税一节，设该夷视为大皇帝格外之恩，感而受之，而于条约仍不罢议，已非计之得也。或仅能消弭一二事，即以每年数百万巨款轻于一掷，纵帑金不足甚惜，而其中可虑之处，实难枚举。臣等略陈其梗概：

夷人不纳贡而纳税，今日之税，譬如告朔之饩羊，使各夷之尊重天朝而不敢逞志。一旦裁之，恐长夷人骄傲之气。其可虑者一。夷船入吴淞口，因纳税课之故，必须报明来船若干，每船载货若干，每船客商水手若干，系何名姓，是夷人之来中国者，皆可稽查。今若免其税课，将来夷人既入内地，无从考核。其可虑者二。夷人与中国构怨，非为买卖之事，凡所纳税，皆出于夷商，与夷酋无干。一旦全行宽免，夷商虽尚知恩，夷酋未必感激，日久月长，甚至忌其为应纳之款，而或不免有意外之虑。其可虑者三。夷税为数甚巨，不税于夷，必税于商。商人狡狯百出，见夷人不必纳税，或至从中影射夹带，设法偷漏，在所难免。且我虽税于商，而该夷总以税从货出，必致饶舌。倘商人得持其柄，暗中加价勒索，竟倍于所纳之税，使夷人从而生心，互相争竞，酿成巨祸。其可虑者四。该夷盘踞内地，为日已久，根深蒂固。一旦免其税课，则两不相涉，夷人仍不能舍此而他适。是名为利之，实同弃之，彼不乐从，必将以恩为怨。其可虑者五。夷人每年得税银四千余万，今我免者虽数百万，未必能动其心，而适足以益其富，是富国强兵之权转之夷。共可虑者六。夷人于他事每多狡猾，独于纳税尚属公平，办理得诀，竟可不致挠法。今若并此无之，则以后无所依傍，设或肆行无忌，意至不可收拾。其可虑者七。夷人居心险诈，或贪免税之利，听我商量，佯为应允。俟免税一二年后，又执前说，挟制要求，我更无以饱其溪壑之欲。其可虑者八。夷人正索我广东赔偿，更恐日后别有所求，若将全税宽免，而彼又索赔项，则款无可抵。其可虑者九。既免夷税之后，而中国又收烟税，恐夷人谓我因有烟税之利，而始免其纳税，转致得所借口。其可虑者十。

凡此皆意计所及之虑，而所不能虑及者，尚未可以胜言。若明知其事有窒碍，而姑为迁就，以顺承意旨，只求一身之免戾，不顾全局之安危，臣等具有天良，伺敢出此？此时税课悉照旧，虽小有变通之处，仍属两不吃亏，大约数日可定。惟查该夷情形，倘一商及条约，即恐其易决裂，所以连日会议，未敢轻举。看此光景，即欲消弭一二事，亦甚未可轻言。臣等均因第一要事关系过大，无论如何为难，总须设法处置。至于广东之事，亦当妥为料理，以免轇轕。其余各事，但能有计可设，断无不竭力挽回。惟事处万难，不能不斟酌妥善，诚恐稍涉大意，致负委托。日来藩司王有龄与臬司薛焕，督同候补知府吴煦，向该夷反复辩论，业已舌敝唇焦。税课颇可

商量，他事尚无把握，容俟办有头绪，再行缕晰详陈。（《筹办夷务始末》四）

咸丰帝看到桂良等人上的奏折与何桂清的奏折是一个腔调，又看见桂良等人居然与何桂清联名上奏反对自己的“内定办法”，十分恼怒，认定是何桂清在其中作祟，便于十一月九日对何桂清发下了一道朱批。朱批中斥责何桂清的语言比上一次的“上谕”更为严厉，大有不杀何桂清便难解心头之恨的意思：“该督司此次办理夷务，独有成见，不准他人入手，殊属胆大，桂良等甘为其指使，更不可解。”“该督此次任意之所欲为，一发莫遏，是以视联旨为弁髦，罪有浮于耆英者。”（见《咸丰夷务》四，1193页~1195页。耆英，《南京条约》中方签约人，1858年夏在天津协助桂良与列强谈判时，私自逃回北京，9月29日被咸丰赐死。）

聪明的何桂清为了既不招来杀身之祸，又能让咸丰帝放弃“内定办法”，立即给咸丰帝上了一个奏折。该奏折写得十分巧妙，表面上顺着咸丰的心思说话，还给咸丰下台搭了梯子，满足了咸丰的自尊心和虚荣心，骨子里仍是叫咸丰帝放弃行不通或赔了夫人又折兵的“内定办法”。该奏折说：使西方列强“欲罢其议，为一劳永逸之谋，断非口舌能争，亦非微利能动，必得用兵方可”，最好的办法是“候其来年赴北换约之时，聚而歼之”（何桂清深知咸丰帝也不愿轻易动武，也不敢轻易动武，故意说一些能满足咸丰虚荣心的话）。咸丰帝看了何桂清的奏折后，果然被其中的一些言语所打动，不但没有惩处一直反对“内定办法”的何桂清，而且还明确传谕桂良、何桂清等人在上海税则谈判中“毋庸拘泥内定办法”。

何桂清通过多番努力，并冒着被杀头的危险，终于说服了咸丰皇帝放弃“内定办法”的错误决定。然而与列强谈判的工作仍然十分艰难，何桂清在写给京中密友自娱山房主人等的私信中也谈及这次艰难而令人愤慨的谈判：“……现已议定条约十条（已画诺），不但尊崇国体，且可堵其弊，防其流。至广东省城亦可先还，该酋已遣人赴粤，如官绅无甚意见，即可就此完结。更有四年间欠我税有一百万，亦划还赔款，此一月以来舌破唇焦，所挽回者不过尔尔，盖仍其意则一词不费，翻其议则百计为难，恨不食其肉而寝其皮……”“与之明改章程，彼即指为背约，即如驻京一节，说至再三，方肯不长行居住……若再商他款，势必不行。”为了使咸丰帝不怪罪他们以及国家少受损失，何桂清想出了一个用“釜底抽薪之法”对付列强的高招。何桂清的所谓釜底抽薪之法，就是虽然在条约中不能把咸丰帝希望取消的那四条去掉，但在订约时，尽量加以限制，使外国无利可图，这样那四条也就无形间消弭了。如在内河通商上，何桂清认为“该夷入江，欲攘我淮盐之利”，于是规定外商不准贩卖食盐，以免“商贾凋敝，穷民失业”。另外，山东因《天津条约》的规定，被迫开放了登州、牛庄两个通商口岸。因这二处“以豆石、豆饼为大宗，向来皆系江、浙、闽、广商贩船户，运销于东南各省，其利甚大。此项船只共有二千余号，海运漕粮借此承运北上，其倚此为生活计者，不下数千万人”。于是何桂清便采取“议明豆石、豆饼，在牛庄、登州两口者，英国商船，不准载出口”。又如关于外国人内地旅行条款，何桂清也加以限制和管理，即外国人入内地旅行，既要有该国领事颁发护照，护照还须“由中国地方官司查明盖印，以便随处呈验，既有稽考，可免夷匪混迹”。只要中国地方官在查明盖印时有意刁难和拖延，“夷性最忌繁难，苦其累赘，日久或可不往”。

经过桂良、何桂清等人几个月的艰苦努力，上海税则谈判终于完成了，清廷分别与英法美签订了《通商章程善后条约》。该条约加深了中国政治经济的半殖民地化。但应当指出的是，条约给中国带来的危害是近代中国国力贫弱和政治腐败的必然结果，不是几个谈判大臣锱铢必较，据理抗争所能改变的。由于何桂清在谈判前后和谈判中的各种艰辛努力，已为国家挽回了一笔巨大的关税损失，已使条约对中国的危害减到了最低的程度。何桂清在上海税则谈判前后的远见卓识和外交才干，使桂良钦佩不已。谈判结束后，桂良便在咸丰皇帝面前极力称赞何桂清的外交才干。咸丰八年十二月（1859年1月），咸丰帝便“授两江总督何桂清为钦差大臣，办理各国事务，所有钦差大臣关防，著黄宗汉派员赍交何桂清祗领接办”。

纵观历史，中国封建社会的臣子最缺少的精神便是特立独行的精神。而上海税则谈判期间的何桂清，既不对皇上唯命是从，又不对列强奴颜婢膝，一心为国，见解超群，力排众议，敢作敢为，充分显现了他身上的特立独行精神。因此，可以这样说，上海税则谈判期间的何桂清，是他一生中的最大亮点。何桂清在上海税则谈判中，不仅为国家挽回了巨大的关税损失，而且最早将体现国家利权的关税问题纳于大清的国体之中。他的这一超前的认识，不仅突破了"何必曰利""上下交征而国危"的传统轻利观念，而且突破了中国以君主尊严、天朝体面为核心的狭隘而虚荣的所谓国体观，在一定程度上揭示了国体中最具现代意义的内涵。在何桂清看来，坚持关税制度是促使列强尊重大清，维护国体的大事；对外国免除关税，就会使国家丧失利权，并助长列强蔑视大清的骄傲之气。何桂清的这一超前思想为后人培植近代国家主权观念提供了思想养分和理论依据。另外，何桂清还是促使清政府对条约认识产生变化的一位关键人物。从前的清廷总认为，这些丧权辱国的条约是在列强的威逼下被迫签订的，危机过后，便可以不履行，所谓"自古要盟不信，本属权宜"是也。何桂清也十分痛恨这些丧权辱国的条约，但他比同时代人高明之处是，冷静务实、灵活精明，意识到：在敌强我弱，不能凭实力推翻条约的情况下，遵守条约比拒不履行条约对国家的危害更小。遵守条约，可以使列强无借口衅事，能保障尚未丧失的国家权益不受侵害；不遵守条约，列强必然会挑起更大的战争，逼迫中国签订对国家危害更大的条约。后来，清廷终于认识到不履行条约的巨大危害，两害相权取其轻，接受了何桂清这一看似软弱，实为明智的主张。

何曾恩怨

晚清的政坛上，有两颗十分耀眼的政治明星，一颗是两江总督何桂清，另一颗是湘军统帅曾国藩。由于清朝的体制和当时的军事形势，两人发生了激烈的权力之争。后来，何桂清被老谋深算的曾国藩扳倒。

清道光至同治年间，中国政坛上有两颗十分耀眼的明星，一颗是云南人何桂清，一颗是湖南人曾国藩。何桂清这颗明星出现较早，陨落也较早；曾国藩这颗明星出现稍晚，陨落也稍晚。当这两颗明星互相争辉之际，何桂清这颗明星比曾国藩那颗明星还耀眼，朝野都仰望着何桂清这颗明星，把剿灭太平天国，实现国家安宁的希望寄托在他的身上。然而，天有不测风云，在太平天国回光返照的疾风暴雨下，何桂清这颗明星突然陨落了，并渐渐被人们淡忘。曾国藩这颗明星虽然几经云遮雾掩（如著名历史学家范文澜曾经说："曾国藩是封建中国数千年尤其是两宋以下封建统治阶级一切黑暗精神的最大体现者，又是鸦片战争后百年来一切对外投降对内屠杀的反革命的汉奸刽子手们的'安内攘外'路线的第一个大师。"），如今竟比当初还明亮，此乃历史上的一个极罕见的现象。其实，何桂清与曾国藩都是一代英杰，又各有瑕疵，他们之间的矛盾和冲突主要因为体制规定和现实状况而导致的，并非全是个人的恩怨。

何桂清比曾国藩小五岁，清道光十一年（1831年），即何桂清十五岁时，便考中第十一名举人；清道光十五年（1835年），即何桂清十九岁时，又考中第二甲第四十九名进士，朝考之后选翰林院庶吉士，散馆后授职翰林院编修。曾国藩考秀才时便不顺利，十三岁时参加考试，先后考了七次，直到道光十三年（1833年），即二十二岁时，才考中秀才。二十一岁考秀才时，竟被主考判定为“子城（曾国藩当时名“子城”，中进士后才改名“国藩”）文理欠通，发充佾生”，即没有考中，被派往祭孔典礼的现场充当乐舞生。道光十四年（1834年），即曾国藩二十三岁时，考中第三十六名举人；道光十八年（1838年），即曾国藩二十七岁时，考中第三甲第四十二名进士，朝考之后选翰林院庶吉士，散馆后授职翰林院检讨。

何曾二人虽前后三年考中进士，但他们二人会试的正总裁都是穆彰阿。穆彰阿（1782年~1856年），字鹤舫，满洲镶蓝旗人，嘉庆十年（1805年）进士，选翰林院庶吉士，授翰林院检讨。历任内务府大臣、步军统领、兵部尚书、吏部尚书、大学士等职，并任军机大臣二十余年，深得道光皇帝的宠信，是当时权势熏天的权臣。自嘉庆以来，穆彰阿曾典乡试三次、典会试五次（三次任正总裁）。凡覆试、殿试、朝考、教习庶吉士散馆考差、大考翰詹，无岁不与衡文之役。国史、玉牒、实录诸馆，皆为总裁。穆彰阿虽然生性巧佞，但颇珍爱人才，门生故吏遍天下，知名之士多被援引，一时号曰“穆党”。机灵、冷静的何桂清与拘谨、深沉的曾国藩都是当时的青年才俊，又同为穆彰阿的门生，自然得到穆彰阿的赏识和提携了。其中的曾国藩因有著名理学家和高官唐鉴、理学家倭仁经常在穆彰阿的面前美言，因此被穆彰阿提携更力。道光十八年（1838年）曾国藩会试中三十八名贡士后，穆彰阿便认为曾国藩的原名“子城”不好，将“子城”改为

"国藩"，从此，两人的关系便日益密切。道光二十三年（1843年）大考翰詹后，总考官穆彰阿便派人向曾国藩索取应试诗赋，曾国藩誊写好后亲自送往穆府。这次拜访之后，曾国藩开始步步升迁，升迁速度之快与之前形成鲜明对比。据史载，大考翰詹之后，曾国藩忽然接到道光皇帝第二天要召见他的谕旨，他当天晚上便忙往穆府拜见恩师，向穆彰阿讨教如何应对，并住宿在穆府。曾国藩第二天到了皇宫，却发现此宫并非道光帝往日召见官员的地方，他在此宫白白等待了半天，却被告知皇上改在明天召见。曾国藩只好回到穆府等候次日召见。老谋深算的穆彰阿问曾国藩："汝见壁间所悬字幅否？"曾国藩回答说没注意看。穆彰阿感叹道："机缘可惜！机缘可惜！"沉吟了一会之后，穆彰阿便叫来亲信说："汝亟以银四百两往贻某内监，属其将某处壁间字幅秉烛代录，此金为酬也。"道光皇帝第二天召见曾国藩时，果然向曾国藩问起悬挂在壁间的那些历朝圣训。由于曾国藩于昨天晚上便熟记各条圣训，自然对答如流。道光皇帝见曾国藩如此心细，十分高兴。事后，道光皇帝召见穆彰阿时，便说："汝言曾某遇事留心，诚然。"曾国藩自此便倍受道光皇帝信赖，"骎骎向用矣"。

由于曾国藩有穆彰阿的大力提携和道光皇帝的信任，再加上他本人为官勤、廉、直，他在清代的官场上创造了一个奇迹：十年七迁，职兼五部。曾国藩自道光十八年（1838年）中进士，至道光二十七年（1847年）升授从二品的内阁学士兼礼部侍郎衔，道光二十九年（1849年）升授正二品的礼部右侍郎，接着又相继兼任兵部、工部、刑部、吏部侍郎，在六部之中做过除户部之外五部的副职，可谓官场中的一个奇迹。曾国藩为此也十分得意，他在写给弟弟们的书信中说："湖南三十七岁至二品者，本朝尚无一人。"（《曾国藩全集·家书》《致澄弟沅弟季弟》，道光二十七年六月十八日）

何桂清虽然也是穆彰阿的门生，但他与穆彰阿之间的关系，远远不及曾国藩与穆彰阿之间的关系那样亲密，因此与曾国藩相比，升迁较慢。但何桂清凭着他比曾国藩早入仕三年，又极聪明和极能干，再加上穆彰阿的提携，他仍比一般官员升迁得快。何桂清自道光十五年（1835年）中进士后，道光二十五年（1845年），即二十九岁时，便官至正三品的太常寺卿；道光二十八年（1848年），即三十二岁时，又升至正二品的兵部右侍郎。这也就是说，何桂清任正二品高官时，既比曾国藩早一年，又比曾国藩小五岁。此外，何桂清二十一岁时便出任河南乡试副主考官，二十三岁时再出任贵州乡试正主考官，二十八岁时又出任广东乡试正主考官和会试同考官，三十六岁时又出任壬子科会试副总裁，这也是清代官场的一个奇迹。

何桂清认识湖南籍的许多精英，他认为湖南人虽然霸气十足，但确有能耐，且敢于担待，因此对湖南人印象很好。他与曾国藩因为同是穆彰阿的门生，又同在京城为官，因此两人交往很早。

道光二十八年（1848年），何桂清任正二品的兵部右侍郎，曾国藩任从二品的内阁学士兼礼部侍郎衔。何桂清因久闻曾国藩拜唐鉴、倭仁为师，对程朱理学颇有研究。有一天，何桂清登门拜访曾国藩，向其请教程朱理学。两人寒暄了一会，何桂清便话入正题："涤生兄对程朱理学颇有研究，对戴东原著书抨击程朱之'天理人欲'说有何高见？"

曾国藩道："东原太狂妄，《孟子字义疏证》一书，排斥先贤，独伸己说，诚不可以不辩。程颢、程颐两兄弟乃宋代之理学大师，程颢言'吾学虽有所授受，天理二字却是自家体贴出来'。二程之天理既能生物，又能统辖万物，可谓既精炼又高深。而朱子则是集宋代理学之大成者，他最可贵之处是以天理规范君主，提出'正君心是大本'，内修德政以恤民之主张。朱子之理欲之辩是对孔孟义利之辩及二程理学理欲论之继承、发展，其核心是以天理为指导，在肯定人之合理欲望之基础上，以道德性对人之感情欲望加以节制，并倡天理与私欲之对立，提出明天理，灭私欲，将违背天理，超出人之正当欲望之奢求、私欲加以遏止。朱子言：'饥便食、渴便饮，只得顺他。穷口腹之欲，便不是。盖天只教我饥则食，渴则饮，何曾教我穷口腹之欲？'"

何桂清道："涤生兄所言极是。朱子之说的确比二程之说更有道理，二程之说多偏颇。如二程言：'视听言动非理不为，即是礼，礼即是理也。不是天理，便是私欲，人虽有意为善，亦是非礼。无人欲即皆天理。’此说未免太武断，对人也太苛求了。又如，有人问程颐：‘有一孤独寡妇，家境贫穷，无依无托，可以再嫁否？’程颐竟回答说：‘只是后世怕寒饿死，故有是说。然饿死事极小，失节事极大。’程颐如此小视关天之人命，岂合天理？依鄙人看来：节有大节、小节之分。助纣为虐、屈膝投降、卖国求荣是大节，寡妇再嫁、男人嫖娼、商人重利是小节。一个人大节绝对不能失，小节也不能轻易就失。如被俘之将军，敌国若以不给食而逼迫其投降，则‘饿死事极小，失节事极大’，绝对不能失大节而投降；有儿有女、不愁衣食之寡妇，守节不嫁，则更令人钦佩；家境贫穷、无依无托之寡妇，为避免自身或幼儿饿死而再嫁，其行为在情理之中，可谓饿死事极大，失节事极小，实在不该也不忍加以指责。程颐无恻隐之心而加以指责，就是以理杀人。戴东原其实也崇尚理学，但他崇之理，乃务实、务本之理，讲人性、讲人情之理。因此戴东原抨击二程：‘尊者以理责卑，长者以理责幼，贵者以理责贱。虽失，谓之顺。卑者、幼者、贱者以理争之，虽得，谓之逆。于是下之人不能以天下之同情、天下之同欲达之于上。上以理责其下，而在下之罪，人人不胜指数。人死于法，犹有怜之者，死于理，其谁怜之？’而东原对朱子的批评，鄙人认为：既有对朱子理欲说之误解，也有批评得有理之处，因为朱子之理欲说确有瑕疵。

“先言东原对朱子理欲说之误解。鄙人认为：朱子所说之‘人欲’，有二义。其一是人之正当、合理之欲望，如饮食等，此符合天理，即‘饮食者，天理也’。其二是一味追求享受及个人利益之私欲，此不符合天理，应遏止并指责。然朱子在沿用‘天理人欲’这一术语并将其对举时，为求语言简洁，便以词害义而讲述不清，常常将人欲、私欲、欲等词语混用，或互相替代。朱子除明确指责私欲之外，在使用人欲、欲二词时，均包含有人欲之二义。如朱子批评程颐把人心完全归结为私欲，排斥人心所欲之倾向时指出：‘人心，人欲也，此语有病。虽上智不能无此，岂可谓全不是？’此语中之‘人欲’，就既包含有正当、合理之欲望，也包含有应该遏止之私欲，所以才说‘岂可谓全不是？’又如当有人问：‘饮食之间，孰为天理，孰为人欲？’时，朱子却说：‘饮食者，天理也；要求美味，人欲也。’此语中之‘人欲’，则专指不正当、不合理之私欲与奢求。而当朱子言人之合理、正当之欲望时，又说：‘虽是人欲，人欲中自有天理’。即理与欲相互依存，主张用天理指导人欲，防止对人欲不加控制而产生有害之私欲。当朱子言人之不正当、不合理之私欲时，又说：‘人之一心，天理存人欲亡，人欲胜则天理灭，未有天理人欲夹杂者’，主张‘革尽人欲，复尽天理，方始是学’。由于朱子使用‘人欲’，一词时含混不清，故后世之人如戴东原等，便对朱子所言之‘人欲’，多有误解。”

“鄙人认为朱子之天理说亦确有瑕疵。如朱子言‘人之心，天理存人欲亡，人欲胜则天理灭，未有天理人欲夹杂者’就不免武断而不符合实情。其实，天理与私欲、义与利、善与恶、公与私常常并存于人心。如为国捐躯之英雄，也有怕死恋生之念头；深明大义之商人，亦有赚钱求富之心思；私心颇重之人，也偶有公而忘私之义行；作恶多端之人，也偶有扶困济贫之善举。一个人天理与私欲、好义与喜利并存于一心并不要紧，其关键是：二者发生冲突且不可得兼之时，能舍生取义、以义制利。孟子所谓‘生，亦我所欲也；义，亦我所欲也，二者不可得兼，舍身而取义也’；孔子所谓‘富与贵，是人之所欲也’‘富而可求，虽执鞭之士，吾亦为之’‘不义而富且贵，于我如浮云’都是天理与私欲、好义与喜利并存于心，又能取天理，舍私欲之明证。”

“听孔孟之言，如沐春风。鄙人总认为：程朱理学可取之处虽不少，然瑕疵亦甚多，不如孔孟之道中庸、仁爱；孔孟之道合情合理，天理人欲说有悖情理。而戴震抨击天理人欲之说，既有对朱子之误解，又有拨乱反正之功绩。特别是二程之天理人欲说以理杀人，有违孔孟之道，有失仁爱之心，应该摒弃。”

何桂清停顿了一下，又接着说：“当今之世豺狼横行、弱肉强食，我大清被列强环伺，外患深重。愚以为有志之士既要研究程朱理学以夏变夷，更应懂得经世济民之术，知道以夷变夏，师夷长技以制夷。不知此想对否？望涤生兄指教！”

曾国藩聚精会神地听着何桂清的这番高论，惊得浑身出冷汗。他平日不大看得起云南人，因此与何桂清交往不深，仅知道何桂清过目不忘、办事干练、写得一手好字，并不知道他年纪轻轻的竟有如此渊博的学问，如此深远的见识。他对程朱理学之研究也实不在己下，且懂得融会贯通、灵活运用，不像有的人食古不化；他目光敏锐、见解独到、条理清楚、持论公允、语言犀利，不愧是恩师称赞的青年才俊。特别是他那经世济民、以夷变夏之主张，正是自己最近刚刚萌发的心思，而他似乎已经深思熟虑、成竹在胸了。他处处比自己领先一步，有这样一个旷世奇才压在自己的头上，恐怕自己的功业难有出头之日，就是自己认为还不错的学问也很难有出头之日。他说向我请教，请我指教，倒不如说，我得向他请教，我得请他指教。想到这里，曾国藩看了一眼这个比自己小五岁、官高一级的年轻人，半客气半真诚地连忙回答：“根云兄学富五车、见解超群，鄙人岂敢指教！鄙人岂敢指教！”

道光三十年十二月初十日（1851年1月11日），洪秀全在广西金田村正式宣布起义，建号太平天国。咸丰二年二月（1852年4月），太平军从永安突破了清军的包围，长驱北上。五月攻克全州进入湖南。咸丰二年十二月（1852年1月），因母亲病故在家守制的曾国藩接到咸丰帝的圣旨，令他在湖南办团练协助官兵剿灭太平军。咸丰三年二月十日（1853年3月19日），太平军攻占江苏江宁并在此建都，将江宁改名天京。咸丰四年九月（1852年10月），原浙江巡抚黄宗汉调升四川总督。为确保粮饷重省浙江不被太平军攻占，咸丰帝选派精明干练的何桂清为浙江巡抚。此时穆彰阿早已失势，何曾二人全凭个人的能耐在官场打拼了。

咸丰年间由于战乱不止，清廷的财政十分困难，无力给曾国藩创建的湘军（团练）发放军饷，各地官员对曾国藩的接济又十分有限。极想建功立业的曾国藩为了湘军的生存和发展便只好自行筹措粮饷。此时的曾国藩，自视甚高、目中无人，行事效法申韩，他在湘军的驻地以及势力范围内肆无忌惮地征收赋税、抽取厘金（一种税外之税，即向商人和小贩存储、运输、贩卖的货物抽税）、卖官鬻爵以补充军饷。然而，曾国藩只是一个挂名的侍郎，湘军的驻地以及其势力范围，并非曾国藩的管辖之地，湘军在这些地方只是暂时驻扎的客军，曾国藩无权管理这些地方的各种政事，更无权向当地百姓征收各种捐税。曾国藩的这些越俎代庖的霸道行为侵犯了地方官员的权威、损害了地方官员的利益，也扰乱了正常的社会秩序，加重了百姓的负担，闹得民怨沸腾、官场不和，必然遭到各地官员的抵制和弹劾。他早先在湖南，便与湖南的大小官员闹得很僵；后来到了江西、安徽等省，更是与各地的官员冲突十分激烈。曾国藩甚至不惜付出任何代价，抵死参倒了他的同年进士、江西巡抚陈启迈。而此后又与陈启迈的继任者文俊争斗不休。咸丰七年（1857年），曾国藩曾上疏咸丰皇帝，向咸丰皇帝诉苦和争要巡抚之职。他在奏疏中说："国家定制，各省文武黜陟之权，责成督抚。相沿且久，积威有渐。督抚之喜怒，州县之荣辱进退系焉。州县之敬畏督抚，盖出于势之不得已。其奉承旨意，常探乎心之所未言。臣办理军务，处处与地方官相交涉。文武僚属，大率视臣为客，视本管上司为主。宾主既已歧视，呼应断难灵通。防剿之事，不必尽谋之地方官矣。至于筹饷之事，如地丁、漕折、劝捐、抽厘，何一不经由州县之人？或臣营抽厘之处而州县故为阻挠，或臣营已捐之户而州县另有逼勒，欲听之，则深虑事势之窒碍；欲惩之，则恐与大吏相龃龉。……臣身为客官，职在军旅，于劝捐扰民之事，则职分所得为。于吏治、学额、减漕、豁免诸务，则不敢越俎代谋。纵欲出一恺恻详明之告示，以儆官邪而慰民望，而身非地方大吏，州县未必奉行，百姓亦终难见信。此办事艰难之一端也。……以臣细察今日局势，非位任巡抚有察吏之权者，决不能治军。纵能治军，决不能兼及筹饷。臣处客寄虚悬之位，又无圆通济变之才，恐终不免于贻误大局……"此时的曾国藩多么羡慕和忌妒刚刚升任两江总督，大权在握、管辖着江苏、安徽、江西三省的何桂清呵！

曾国藩后来回忆起他初办团练时的艰难，曾对好友郭嵩焘不无感慨地说："国藩昔在湖南、江西，几于通国不能相容，六七年间（指咸丰六年、七年间。引者注）浩然不欲复问世事。"这的确说的是实情。

曾国藩不仅因横征暴敛、行事霸道引来朝野的非议，而且心毒手狠、杀人如麻。曾国藩常常用滥杀来立威、用滥杀来振作士气，在当时就赢得了"曾屠户""曾剃头"的绰号。例如兴国、大冶之战，湘军获俘虏一百三十四名，"一概剜目凌迟"；九江城外获俘虏十二人，立即"凌迟枭示"；又生擒十三人，"就地挖目凌迟"；武昌城外，大破太平军的新兵，"带回七百余人，全数斩决"；崇阳门战斗，湘军擒获七十多个太平军官兵，曾国藩令全部杀死祭阵亡将士，祭毕，又令兵勇割人肉生吞。湘军不但残杀俘虏，还抢劫、屠杀百姓。太平军占领的城镇一旦被湘军攻克，湘军便"借搜缉捕匪为名，无良莠皆膏之于锋刃，乘势淫掳焚掠，无所不至，卷东南数省之精髓，悉入于湘军"。曾国藩还多次告诫他的九弟曾国荃："克城以多杀为妥，不可假仁慈而误大事。"曾国藩统领湘军时杀人如麻，口头上却说：带兵必须"以爱民为第一义"。又先后亲作《爱民歌》和《解散歌》。《爱民歌》教育湘军"军士与民如一家，千记不可欺负他"；《解散歌》要求湘军对太平军俘虏及"伪官""胁从者"宽大处理，不可滥杀无辜。如此口是心非，故许多人说曾国藩是一个很虚伪的人。

曾国藩创建湘军后的前四五年间，经常打败战，曾因三次大败而三次投水自杀。左宗棠批评曾国藩不懂军事，用兵呆拙，称为“书憨”。曾国藩的朋友、《湘军志》的作者王闿运则认为曾国藩：“以惧教士，以惧行军，用将则胜，自将则败。”意谓曾国藩的长处在于治军和制定战略，短处是不懂战术，亲自带兵作战必败。后来，曾国藩也明白了自己的短处，只坐镇后方，不敢亲临一线指挥作战。

与曾国藩屡战屡败或败多胜少的战绩形成鲜明对照的是：在何桂清的策划下，江南大营接连攻克了溧水、句容等城镇，接着又攻克了镇江等军事重镇，并包围了太平天国的国都天京（江宁）。面对着何桂清在军事上的节节胜利，咸丰皇帝已把剿灭太平天国的希望完全寄托在何桂清以及江南大营统帅和春的身上，认为曾国藩已经没有利用价值了，便于咸丰七年八月（1857年9月）开去曾国藩兵部侍郎官缺，勒令曾国藩在籍守制（曾国藩之父曾麟书于咸丰七年（1857年）春病故），不准他继续在江西统领湘军。为此，曾国藩十分忌恨何桂清，认为是何桂清阻碍了他的仕途，挡住了他进军江苏围剿太平天国的道路。

何桂清对曾国藩在湖南、湖北、江西等省横征暴敛、残杀俘虏和滥杀百姓的行为以及屡战屡败的情况，早有耳闻。何桂清认为曾国藩横征暴敛是迫不得已，情有可原。而对曾国藩残杀俘虏和滥杀无辜的残暴行为却十分痛恨，认为是曾国藩效法申韩又走火入魔的结果。至于对曾国藩与太平军作战屡战屡败的情况，何桂清认为原因很复杂，但主要原因是曾国藩太胆小又指挥无方。

咸丰五年（1855年），曾国藩坐困江西，粮饷奇缺，内外交困、走投无路。想起老朋友何桂清在浙江任巡抚，便派遣自己的一个幕僚到浙江向何桂清借粮饷。何桂清因每月要按时供给江南大营六万两军饷，手头也很拮据，但仍打算想方设法借给曾国藩一些粮饷。可曾国藩的那个霸道惯了的幕僚，愚蠢透了，他在与何桂清的心腹、杭州知府王有龄商谈借粮饷时，不但不会说一些好听的话暖王有龄的心，反而指责王有龄等人平时挥金如土，此时却如此吝啬。王有龄十分不高兴，便以江南战事紧急，浙省必须竭尽全力筹饷给江南大营，目前浙省无钱粮为借口，坚决不借给他钱粮。王有龄在向何桂清汇报时，又说了许多曾国藩和那个慕僚的坏话，何桂清便同意了王有龄的意见，没有借粮饷给曾国藩。那个慕僚因没借到粮饷，便添油加醋地向曾国藩说了许多何桂清和王有龄的坏话，以掩盖自己的过失。曾国藩听了大怒，从此便与何桂清结下了深深的仇恨。

咸丰六年（1856年）七月中旬，石达开部抚州守军大败湘系大将李元度于抚州城郊。李元度带领败兵逃跑到曾国藩困守的南昌，南昌风声鹤唳，一日数惊。李元度抚州溃败后一个多月，曾国藩才向咸丰皇帝上奏《抚州老营被贼扑陷折》。而咸丰在这之前早就看到何桂清等人的奏报了（封疆大吏有责任及时向皇帝奏报各地的大事），他见曾国藩如此迟报兵败，十分生气，于十一月二十日发出“上谕”斥责曾国藩：抚州湘军溃败已久，未见尔等及时入奏。早已听说各路“发匪”回转金陵，而江西失守郡县，并无一处收复。现据江、浙各省奏报，“皆言金陵内乱，杨逆已为韦逆所杀。又闻杨逆被杀后，石逆不服，逃出金陵，……断不肯再返金陵，金陵不肯更助石逆”；“着曾国藩乘此贼心涣散之时，赶紧克复数城，使该逆退无所归，自不难穷蹙就擒。若徒事迁延，劳师糜饷，日久无功，朕即不遽加该侍郎等以延误之罪，该侍郎等何颜对江西士民耶！”曾国藩受到咸丰帝的如此斥责和警告，心里十分委屈和生气，他不能对皇帝发泄，只好迁怒于他的仇人何桂清，认为这是何桂清等人搬弄是非的结果，因此便更加仇恨何桂清。

满人入主中原以后，清朝的历代皇帝都对汉人心存戒心，不敢委以重任。但至道光以后，满人权贵日益腐化、堕落，能堪大任者越来越少，咸丰朝头脑清醒的宠臣、满人肃顺甚至公开说：“满族没有一个人中用，国家有大事，非重用汉人不可。”鉴于这样的窘境，咸丰帝不得不重用汉人，但他重用汉人时，大多既重用又对其严加防范和限制，不让他权势过重而尾大不掉。何桂清就是这样一类被咸丰皇帝重用又严加防范、限制的汉人，而曾国藩的地位和处境还远不及何桂清等人，他只属于被咸丰皇帝利用又严加防范、限制的汉人。咸丰皇帝深知何桂清、曾国藩之间有矛盾，但他并不想调和、化解他们之间的矛盾，而是利用甚至激化他们之间的矛盾，使他们互相牵制、互相掣肘，谁也不能坐大。对于权势较大的何桂清，咸丰皇帝采取的方法是在何桂清势力范围的周边和何桂清的左右安插属于湘系和支持湘系的官员，以掣肘何桂清。如何桂清刚任两江总督不久，咸丰帝便安插湖南保靖人、早年为曾国藩办过粮台的湘系人物胡兴仁为浙江巡抚。当何、胡二人闹得不可开交，被众人弹劾的胡兴仁被何桂清等人挤走后，何桂清保举心腹王有龄为浙江巡抚，咸丰帝却委任湘系大员胡林翼的心腹罗遵殿为浙江巡抚。这样，虽然起到了牵制何桂清的作用，却大大激化了何曾二人的矛盾，使太平军有机可乘，对清军各个击破。

咸丰八年（1858年）六月，咸丰帝出于围剿太平军战事的需要以及牵制权势愈重的何桂清，又重新起用曾国藩。复出的曾国藩为改变从前到处碰壁，到处被人咒骂和排挤的艰难处境，而“改弦易辙”，他开始效法黄老，尽量与人为善，尽量与人不争，但骨子里却是为了与何桂清大争，与何桂清争夺浙江，乃至江苏，进而抢夺剿灭太平天国的首功。当湘军从江西大举进军安徽以后，何桂清已深深感到来自曾国藩的威胁，于是何、曾两大集团之间的争斗便日益激烈。

浙江连接江西、江苏。早在何桂清任浙江巡抚时，他便对京城的密友何绍京说：若将江、浙两省兵勇归我一人调度，“定能迅奏肤功”。出任两江总督以后，何桂清虽然管辖有江苏、安徽、江西三省，但却失去了与江苏唇齿相依的浙江，这对抵御和围剿太平军极为不利。另外，湘军进入了何桂清的地盘江西、安徽后，与何桂清集团的冲突也不断增加。湘军的头领曾国藩、胡林翼等认为，如果夺取浙江地盘，既足以控制皖南，防止太平军从皖南楔入江西，震撼湖北、湖南，又可以解决一部分军饷问题。于是，曾、胡二人便动用一切关系，促使咸丰帝任用湘系人物罗遵殿为浙江巡抚。

咸丰十年（1860年）春，李秀成为解天京之围，使用“围魏救赵”之计进攻杭州。罗遵殿一方面向胡林翼、曾国藩求援，另一方面又向距杭州更近的江南大营统帅和春求救。和春命令张玉良带兵援救杭州。张玉良途经苏州时，江苏布政使王有龄有意延缓张玉良前往杭州救援，他请张玉良视察苏州城垣，留二日，然后请张玉良先救援湖州后再救援杭州。三月十九日，在张玉良的援军尚未赶到杭州时，太平军已攻陷了杭州，罗遵殿自杀身亡。罗遵殿之死，解除了何桂清心头的一恨，他便力保王有龄为浙江巡抚。

太平军攻陷杭州后，又用五路大军合围江南大营，为争夺何桂清的地盘，手握重兵的曾国藩、胡林翼也不发兵救援，致使江南大营被太平军攻破。此后，太平军又攻陷江苏的常州、苏州等重镇，何桂清因弃守常州被清廷革职，咸丰皇帝只好把剿灭太平天国的希望最后寄托在曾国藩的身上。不久，因何桂清被革职而大喜过望的曾国藩就被咸丰帝任命为两江总督，并授为钦差大臣，督办江南军务，终于实现了取何桂清而代之的美梦。为进一步拉拢曾国藩，使其为清廷死心塌地地效力，咸丰帝打破从前的用人惯例，于咸丰十一年（1861年）十月命曾国藩督办江、皖、赣、浙四省军务，巡抚、提督、总兵以下文武官员皆归曾国藩节制。咸丰帝并一再强调："江浙等处军务，朕唯曾国藩是赖。"此时的曾国藩，其权势已经远远地超过了任两江总督时的何桂清了。当年的何桂清就一直想督办江、皖、赣、浙四省的军务，他认为只要拥有这样的权势，太平天国早就被他剿灭了。

何桂清虽然被革职，何桂清集团并没有土崩瓦解。新任江苏巡抚的薛焕也是何桂清的心腹，他竭尽全力地庇护着何桂清，多次上疏力保何桂清，请求朝廷留何桂清在江苏效力。浙江巡抚王有龄更是一再上疏为何桂清辩护。薛、王二人齐心合力，动用一切关系，想尽一切办法，力图扶持何桂清东山再起。王有龄还大挖湘军的墙角，使湘军的著名将领李元度脱离湘军，另外组建了"安越军"。曾国藩深知，要想彻底扳倒何桂清，坐稳两江总督的宝座，必须先清除薛焕和王有龄。

咸丰十一年（1861年）九月，李秀成、李世贤指挥太平军进攻浙江。曾国藩保举左宗棠入浙围剿太平军，浙省提镇以下均归左宗棠节制。左宗棠入浙以后，曾国藩却指示左宗棠"舍浙守江"，即放弃浙江，留守江西。因此，当太平军围攻杭州时，左宗棠率领的大军便滞留在江西、浙江的边境不去救援杭州，李元度率领的“安越军”本要去救援杭州，也被左宗棠阻止。十二月十九日，太平军攻陷杭州，浙江巡抚王有龄自杀身亡，曾国藩砍掉了何桂清的左臂，保举左宗棠为浙江巡抚。

王有龄被曾国藩借刀杀人除去之后，薛焕成为曾国藩挖空心思要铲除的对象。咸丰十一年（1861年）十一月十八日，曾国藩在《查复江浙抚臣及金安清参款折》中，对新继位的同治皇帝言：薛焕“带勇非其所长，株守上海一隅，其所援引之人，类多贪之辈，……薛焕偷安一隅，物论繁滋，苏、浙财赋之处，贼氛正炽”，该员“不能胜任，应否降革之处，出自圣裁”。接着，曾国藩又保举李鸿章为江苏巡抚率淮勇入上海接替薛焕。当时的曾国藩已成为督抚中权势最重者，他的话可谓一言九鼎，清廷无不照办。同治元年（1862年）三月，李鸿章率淮军及湘军一部自安庆启程，乘轮船到上海署理江苏巡抚，赶走了薛焕。这样，曾国藩又砍掉了何桂清的右臂。接着，李鸿章又把被薛焕一直庇护着的何桂清逮捕并派人解送到京城。至此，何桂清集团全部被曾国藩铲除。为解除心头之恨和防止何桂清死灰复燃，曾国藩又力排众议，坚持己见，促使清廷将何桂清处死。

何曾二人之间的争斗，从表层上看，似乎是何曾二人有嫌隙、仇恨以及争权夺利；从深层上看，却是清代的政治体制和现实状况造成的。另外，咸丰皇帝有意让他们互相牵制更加深了他们之间的矛盾。在那样的环境里和那样的条件下，再有交情的人都有可能互相攻讦甚至反目成仇。如曾国藩对左宗棠有朋友之谊、提携之恩，但左宗棠却常常指责曾国藩，曾国藩对左宗棠也很有意见。传说曾左二人曾经合写一副对联将对方的名字嵌入，并进行攻击。曾国藩的上联是："季子自称高，仕不在朝，隐不在山，与吾意见常相左。"左宗棠的下联是："藩臣当卫国，进不能战，退不能守，问你经济有何曾。"又如，曾国藩保举林则徐的女婿沈葆桢为江西巡抚，因为争夺饷源，沈葆桢竟与恩人和顶头上司曾国藩闹得不可开交，官司一直打到中央，清廷只好对他们各打五十大板，饷源均分。曾国藩气得逢人便骂沈葆桢忘恩负义。

何桂清与曾国藩之间的争斗，虽然以何桂清的惨败、曾国藩的全胜拉下了历史的帷幕，但不能以成败而论英雄。一个人的成功与失败有诸多主客观原因。早年的何桂清诸事顺利、建奇功、立大业，但不能无限夸大何桂清的能耐；咸丰十年（1860年）以后，何桂清万般无奈弃守常州，也不能证明何桂清贪生怕死，更不能说何桂清昏庸无能。曾国藩早年处处碰壁、屡战屡败，同样不能说曾国藩胆小无能；咸丰十一年（1861年）以后，曾国藩左右逢源，立下了旷世奇功，也不能无限夸大曾国藩的能耐。倘若将何曾二人的经历和处境对换，也许成功的是何桂清，失败的是曾国藩。何曾二人都是通达务实、见识超群的英杰。何桂清也许比曾国藩更聪明，曾国藩却比何桂清更深沉；何桂清处事灵活，擅于变通，曾国藩处事稳重，精于权术。

千秋功罪

面对着无法坚守的常州城，一生务实的何桂清决定听从属下的劝告，弃守常州以确保战略地位更为重要的苏州。常州被太平军占领后，何桂清被清廷革职，何桂清的政敌曾国藩等人坚持要处死何桂清。同治元年（1862年），四十六岁的何桂清被清廷处死。

何桂清任两江总督（管辖江苏、安徽、江西三省，为从一品高官）期间，团结大营官兵，与大营的将帅保持密切的联系，整顿粮台，千方百计为江南大营筹粮、筹饷、募勇、购械，使江南大营粮饷充足，武器精良，兵勇达到了十二三万（由于江南大营统帅和春吃空额，实际兵勇只有五万多），并在与太平军作战的一系列军事行动中取得了很多的胜利。到咸丰十年（1860年），正月末，张国梁率领水陆诸军攻克浦口九洑洲，不久将要攻取上关、下关。按何桂清的估计，被围困得不能动的金陵，“早到五六月，迟到七八月必能克服”。何桂清因功晋太子太保衔，其事业达到了他一生的顶峰。

一系列的军事胜利和各种荣誉，使一向小心、勤政的何桂清冲昏了头脑，他以为由和春、张国梁统率的江南大营可倚为长城，便放松了对军情的关注以及对地方团练的操练，开始坐等攻克金陵的大功告成。后来，某言官弹劾他：“惟以张宴演剧为事……男歌女舞，日集于庭，遂置军事不问。”这弹劾虽有一些夸张，但却从一个侧面反映了一些实情。是的，咸丰十年（1860年）春处于一生最得意时期的何桂清，不但没有意识到“百足之虫，死而不僵”，太平天国虽垂死，还有回光返照之时；战争瞬息万变，难以预料，而且没有意识到江南大营兵少、军弱、饷绌和将领腐败的四大致命痼疾并没有从根本上解决。如何桂清虽然给大营提供了充足的军饷，招募了很多兵勇，但腐败、糊涂又十分自负的和春听任翼长王浚对大营把持弄权，而王浚又“贪索无厌”，以致贪污吃空额之风日炽。王浚等人吃空额一般要占兵额的百分之五十多，即当时的江南大营“当有兵勇十二三万，实额不及半”（佚名《东南纪略》）。王浚的门生张某所部“兵勇三千有奇，实则不过一千余名”（萧盛远《粤匪纪略》），吃空额饷竟高达三分之一。贪污吃空额既使兵额大部分落空，更严重地破坏了大营清军内部的团结，削弱了战斗力，从而兵少军弱如故，甚至更严重。因此，和春时期的江南大营比向荣时期的江南大营更腐败，更缺少战斗力。和春时期的江南大营名义上有兵勇十二三万，是向荣时期江南大营兵勇的三倍多，实则共有五万多人，比向荣时期的江南大营只多一万多人。人虽然多了一万多，但由于兵勇的素质太低，军饷又常常被长官克扣，实际的战斗力还不如向荣时期。

咸丰八年（1858年），太平军攻破江北大营后，江南大营仍驻扎在金陵城外围困着太平天国的“天京”。为解天京之围，咸丰十年（1860年）春末，李秀成终于想出一个以攻为守的“围魏救赵”之计。他对众将领说：“官军精锐，聚集金陵，而饷源主要在苏州与杭州。如今天京城外之长壕，已经构建完成，‘江南大营’之张国梁又是有名之勇将，所以要解天京之围，不论内外如何硬攻，都难得手。我现在决定，以轻兵间道奇袭杭州，杭州告急，苏州亦必震动，官军怕我们绝他之饷源、粮道，一定会分兵相救，然后我们诸路合围，直捣江南大营，大营一破，不但天京围解，苏杭亦皆为我所有。”李秀成做完军事部署后，便自率一支大军出金陵城，自浦口杀向芜湖，然后与他的堂弟左军主将李世贤分兵进犯浙江。拥有优势兵力的太平军接连攻克了浙江的安吉、长兴、湖州后，李秀成留李世贤一军留守湖州一带做牵制之用。他自己亲率一军换穿清军兵服假扮成清军，沿莫干山东麓，直向杭州杀去。咸丰十年（1860年）三月十日，李秀成军一路潜师深入，已行进到了杭州西北的良渚。三月十一日，太平军忽然出现在杭州的武林门外。杭州将军瑞昌如五雷轰顶一样，根本没料到太平军会突然出现在杭州城外，他只好立刻下令士兵关闭城门死守。太平军稳扎稳打，在不断进攻武林门和钱塘门的同时，攻占了南屏山的玉皇山，紧紧包围了杭州城。李秀成像往常攻城一样，指挥太平军在清波门外的戚家园下面挖掘地道，准备潜入城墙根下塞填炸药炸城。为了不让清军发现，李秀成声东击西，在杭州城外的馒头山上用各处挖掘出来的盛着尸体的棺材垒起无数座营盘，其中只留少数被俘居民敲锣打鼓地吸引清军的注意力，杭州城内的清兵以为是太平军的军营，不断开炮轰打，这样既浪费了清军的炮弹，又转移了清军对清波门的注意。

坐守杭州的浙江巡抚罗遵殿乃文人出身，不擅长布兵防守，他一方面向江南大营的和春频频求援，一方面下令士兵死守待援。由于和春不明白这次太平军大规模军事行动的战略意图，在太平军尚未攻打至杭州之前，听说太平军去攻打湖州等地，就令副将曾秉忠，参将罗希贤率兵前往湖州堵御。得知太平军已围困杭州时，又加派在大营的副将向奎、总兵张玉良率一万三千（一说八千）精兵前往救援，并令各军归张玉良节制。三月十九日，张玉良的援军尚未赶到杭州时，杭州清波门的城墙已被太平军用炸药炸开了一个大缺口，太平军鼓噪而入，杭州城被攻陷。浙江巡抚罗遵殿、盐运使缪梓以及杭州知府马昂霄等几十名大员和其他地方官员阖门自尽，杭州将军瑞昌率兵死守内城。由于李秀成攻打杭州是想达到解天京之围的目的，并不想长期占据杭州，因此在杭州内城尚未攻破时，听到张玉良率一万三千清兵前来救援杭州，便开始安排从杭州撤退。他在撤退之前先设疑兵，在城上遍插簇新的旗帜，以表示太平军也有援军新到。三月二十四日李秀成悄悄地撤离杭州时，他又找来一些瞎子赏给他们一些银子，叫他们当更夫，夜晚按时在杭州城里打更。因此李秀成撤离三天后，瑞昌才发现。而张玉良快到杭州城时，有探马来报：杭州城早已被太平军攻陷了，只有杭州将军瑞昌还在坚守内城。杭州城上太平军的军旗在四周飘扬，守卫十分森严。张玉良听到此情况，不敢造次。他先将援军安顿在距杭州四十里的塘楼，然后派细作混进杭州城与瑞昌联系，打算与瑞昌内外夹攻太平军。混入杭州城的细作见太平军早已撤离，忙来向张玉良禀告，张玉良才率军进入杭州城。李秀成撤离杭州后，直奔安徽，于四月八日攻占了皖南入江苏的战略要地建平（今安徽东部郎溪）。然后由李秀成召开军事会议，将太平军的将领分成五路，各率一军直扑天京城外的江南大营。具体安排是：陈玉成自全椒南下渡江，经江宁镇杀向板桥；李秀成从江苏溧阳、句容直杀淳化镇、紫金山；李世贤经江苏常州、金坛杀向天京的北门；杨辅清从江苏高淳杀往秣陵关、雨花台；刘官芳从溧阳直扑高桥门。五路大军兵锋所指，各地一片惊慌，纷纷向大营求援。咸丰帝以及何桂清、和春等人都不明白太平军先前围攻杭州以及如今兵临常州、溧阳、句容等地都是虚张声势、声东击西（当然，进攻杭州还兼有抢夺财富和军事物资的目的），诱使和春派兵救援各地使大营空虚，从而合兵围歼大营，解除金陵之围才是李秀成的真正目的。和春忙先后派遣周天学部一千八百人，马占葵部两千多人，张玉良部两千四百人去救援常州等地。但各路太平军对各地或虚晃一枪并不用力进攻，或匆匆抢夺了一些物资就离去，五路太平军都向金陵城外的江南大营奔来。五月五日，金陵城内外几十万太平军里应外合，把金陵城外得胜门至江边空虚的清军数十座营垒尽数踏平（由于江南大营分兵四处求援，此时的大营只有三万左右的清军），仅一个上午就歼灭清军一万多人。太平军尚未到金陵城下时，和春的谋士见太平军势众，大营无法坚守，多次劝告和春趁早退守镇江或丹阳，既可避免大营被围歼，又能凭借战略要地丹阳阻止太平军向东南进犯常州、苏州，但刚愎自用的和春却不听从劝告，致使大营伤亡惨重而被攻破。江南大营被攻破后，和春、张国梁才带领残兵败将逃往丹阳，企图阻挡太平军向东南进犯常州。但此时的和春，本来就不多的人马又伤亡过半，哪里阻挡得住因节节胜利而军心大振的太平军。不久，丹阳就被太平军攻破，张国梁战死。和春、许乃钊等人带着溃兵败卒先后逃到常州，李秀成则亲率大军尾追而来。

常州城兵少将乏，且“城垣太旧，难以守御”，平时镇定自若的何桂清也乱了方寸。他本想发动城中的士绅、百姓死守常州，但常州民风柔弱，不擅守战，而且不太听从指挥。特别是常州的世家巨族在地方有很大的势力，对官府并不唯命是从，官府一直对他们都有所顾忌，从来都不敢对他们发号施令。而仅凭和春手下不足一万的残兵败将和自己的五百亲兵，要想保住常州城肯定是不行的。何去何从，道路只有两条：一条路是死守常州城，与常州城共灭亡。榜样有的是，不久前浙江巡抚罗遵殿死守杭州，城破时便自杀身亡。但一生务实，注重值不值得的何桂清，又觉得这不太划算。他认为死守无法守住的城，最后与城共灭亡，对国家、对百姓（太平军破城后常屠城，损失惨重的是百姓）、对自己都没有实际的好处，只博得一个为国捐躯的虚名；另一条路是保存实力，弃城而走，选择对自己防守有利的地方再战。向荣当年就是如此，他见太平军势大，江南大营无法坚守，就主动撤退到战略要地丹阳，使江南大营败而不溃。这样，既能保住丹阳，又阻挡住了太平军向东南进犯常州、苏州的企图。和春没有向荣明智，幻想守住不能坚守的大营，没有保存实力主动撤退到丹阳，其结果是被太平军围歼，军队溃不成军，一败再败，大营丢了，丹阳也丢了，常州也危在旦夕了。可见在无法防守的情况下，保存实力，主动撤退才是明智的。更何况，自己是三省之总督，不是一城之太守，应该为三省之安危负责，不该为一城之得失而犹豫。但撤退到什么地方呢？他的眼前突然涌现出了人间天堂苏州。苏州城比常州城大得多，且城池坚固、兵勇较多、粮饷充足，若退到苏州与江苏巡抚徐有壬共同防守苏州，可保苏州不丢，筹饷无碍。但封疆大吏守土有责，有道是“城在人在，城亡人亡”，自己怎好启齿言撤呢！何桂清正在瞻前顾后，犹豫不决之际，江苏布政使薛焕、总理粮台查文经等纷纷进言，力劝何桂清退驻苏州以筹军饷。众人之言正中何桂清的下怀，何桂清便以“和春既到常州，……则军务应归督办”，自己必须前往苏州“力筹防剿，以图根本”为由，率亲兵出城前往苏州。何桂清一走，常州军心大乱。张玉良以弹压兵勇出城，和春与常州知府文翰也相继出城，这些文武官员均“一去不返”。于是城内外守军群龙无首，一哄而散，常州城陷落。逃跑到无锡浒墅关营房的和春，听到常州陷落，自知罪责难逃，便以烧酒吞食生鸦片自杀身亡。五月二十三日，何桂清来到苏州城下时，坚守苏州的江苏巡抚徐有壬因对何桂清重用王有龄，而极为不满，“闭城不纳”，何桂清只好前往上海。徐有壬见何桂清离开苏州后，忙着做的第一件事不是如何防守苏州，而是向朝廷弹劾何桂清弃常州城而不顾。结果当太平军到达苏州城下时，徐有壬也不能守住苏州城，城陷时只好跳水自尽。如果徐有壬接纳了何桂清，两股力量合兵一处，同心协力共同坚守苏州城，太平军也许无法攻下苏州。即使苏州城仍被太平军攻下，何桂清的官位比徐有壬高，丢城的主要责任自然是何桂清而不是徐有壬了，如此利人、利己之事徐有壬不为，真可谓愚不可及了。

清廷得知常州失守后，下旨革职拿问何桂清。但此时与何桂清关系密切的薛焕新任江苏巡抚侨设官署于上海，他一再上疏力保何桂清，请求朝廷留用何桂清在营效力。咸丰十年（1860年）八月，继何桂清之后任两江总督的曾国藩，深知要想彻底扳倒何桂清争得江苏地盘，必须先扳倒何桂清的支持者薛焕。于是曾国藩多次上疏弹劾薛焕。如曾国藩在《查复江浙抚臣及金安参款折》中说：薛焕“带勇非其所长，株守上海一隅，其所援引之人，类多夤缘之辈……薛焕偷安一隅，物论繁滋，苏浙财赋之处，贼氛正炽”，该员“不能胜任，应否降革之处，出自圣裁”。同治元年（1862年）四月，曾国藩派亲信李鸿章率领淮军进军上海。李鸿章到上海不久，清廷令李鸿章接替薛焕为江苏巡抚。李鸿章就任江苏巡抚后，曾国藩、李鸿章为了最后扳倒何桂清，李鸿章立即将何桂清逮捕解送到北京。

同治元年（1862年）五月，何桂清入刑部监狱。承办秋审处刑部直隶司郎中余光倬，乃常州人也，他风闻何桂清离开常州时，曾令亲兵枪杀阻挡他离开常州而跪留何桂清的常州父老十九人（此系传闻，无确凿证据），因此特别痛恨何桂清。他“引封疆大吏失守城池斩监候、秋后处决律，谓何桂清击杀执香跪留父老十九人，忍心害理，罪当加重，斩立决。爰书即定，诏大学士六部九卿翰詹科道会议，皆如刑部谳。谕旨复以何桂清曾任一品大员，用刑宜慎，如有疑义，不妨各陈所见”（薛福成《书两江总督何桂清之狱》《庸庵全集·海外文编》卷四）。

如何惩处何桂清？清廷形成了保何和杀何针锋相对的两大派。保何的有恭亲王奕訢、桂良，德高望重的三朝元老、大学士、吏部尚书祁寯藻等众多重臣。祁寯藻，山西太原府寿阳县人，嘉庆十九年（1814年）进士。从道光到同治年间，先后任兵部尚书、工部尚书、礼部尚书、吏部尚书等职，为人正直敢言，特别珍爱人才。他上疏申救何桂清时，疏引仁宗睿皇帝（嘉庆帝）谕旨：“刑部议狱不得有加重字样。”又说：“遍察刑律如临阵而退、弃城先逃等条，罪至斩监候而止。”加重罪名至斩决，“是为拟加非律”。祁寯藻甚至反驳主张杀何桂清的一派说：“国人皆可杀，臣亦国人，未敢谓其可杀。”（沈守之《借剿笔记》）除祁寯藻上疏申救何桂清外，还有工部尚书万青藜，通政使王拯，顺天府尹石赞清、府丞林寿图，九卿彭祖贤、倪杰，给事中唐壬森，御史高延祜、陈廷经、许其光、李培祐等十七人。他们或一人自为一疏，或数人合其一疏，俱言何桂清罪不至死。何桂清本人也辩解说："退至苏州者，从江苏司道之请，欲保饷源重地也。因引薛焕等四人禀牍为证。"（薛福成《书两江总督何桂清之狱》《庸庵全集·海外文编》卷四）何桂清在江浙一带的同僚和下属薛焕、王有龄、查文经等，则早在一年多前便联名上疏朝廷替何桂清辩解和说情，他们甚至请求朝廷"弃瑕录用"何桂清，给何桂清一个戴罪立功的机会。就连原大营的许多将领也联名具呈，请求朝廷将何桂清留在江苏暂不解京。可见何桂清在江浙和大营有突出的功绩和很高的威望，并在军政两界有许多的同情者和支持者（何桂清从前在江浙两省担任江苏学政、浙江巡抚，官声一直很好。所以了解何桂清才干和政绩的江苏长洲人、大学士、军机大臣彭蕴章才会在咸丰皇帝面前极力保举何桂清为两江总督）。

杀何派主要是以曾国藩为代表的湘系集团，因为他们深知只有处死何桂清，才能彻底铲除何桂清在江浙一带的势力和影响，他们才能在江浙取代何桂清并站稳脚跟，争夺到剿灭太平天国的头功。因此，保何的人越多，他们越要千方百计地将何桂清置于死地。最先对何桂清发难的是曾国藩的理学朋友，太常寺正卿李棠阶，他上了一个密折。其折说："刑赏大政，不可为谬悠之议所挠。今欲平贼，而先庇逃帅，何以作中兴将士之气？"这个密折十分厉害，它揣测到了慈禧太后等人的担忧，撇开刑律及何桂清个人的罪责轻重，以眼前的大局和军务为着眼点，挑明目前湘军对太平军的一些军事行动正有一些起色，希望早日剿灭太平天国的朝廷，自然不应该做出一些打击士气的事情来。这折就连原先并不主张杀何桂清的慈禧太后看了，也改变了主意。曾国藩构罪何桂清更巧妙，他乘朝廷令他查复何桂清退往苏州的禀牍问题，即是否有何桂清所说的“退至苏州者，从江苏司道之请，欲保饷源重地也”，以及何桂清提供的禀牍证据。而复奏说：“臣在外多年，忝任封疆，窃见督抚权重，由来已久，黜陟司道，荣辱终身，风旨所在，能使人先事而逢迎，既事而隐饰，不特司道不肯违其情，即军民亦不敢忤其意。咸丰十年七月（指1860年8月。引者注），嘉兴大营将领联名数十具呈，请留何桂清在苏，暂不解京，求臣转奏，由王有龄移咨到臣。臣暗加察访，不过亲近军中数人，并非合营皆知，是以未及代奏，而王有龄已两次具奏。观营员请留之呈，则司道请移之禀，盖可类推，无庸究。”在曾国藩看来，有无这些事实并不重要，关键的是何桂清内心是怎样想的，于是他便使用诛心之术，挥舞起理学的撒手锏奏道：“疆吏以城守为大节，不宜以僚属之一言为进止；大臣以心迹定罪状，不必以公禀之有无为权衡。”（曾国藩《查复何桂清退守折，同治元年八月二十九日》）当时的曾国藩正处于权势的最高峰，朝廷也正在百般笼络曾国藩，希望曾国藩迅速剿灭太平天国，因此曾国藩之言可谓一言九鼎。而此时的慈禧太后刚登上政治舞台，也想立威于朝，见曾国藩如此说，便一改不想杀何桂清的初衷，完全同意曾国藩的意见。奕訢内心虽有保留意见，但也不便驳曾国藩的面子，朝廷其他保何重臣见情况如此，也只好沉默了。同治元年（1862年）十二月十七日，何桂清被弃市处死，死时年仅四十六岁。

何桂清该不该被处死？虽然在当时就有截然不同的两派意见，但这两派意见都是基于何桂清有罪这一大前提下说的，分歧只是量刑轻重不同罢了。其实，若按现代人的思维来看，何桂清是否有罪，都应该分析、研究。因为军事策略比政治理念灵活得多，军事策略是能坚守的地方就要坚守，应该坚守的地方就要坚守，不能坚守或不应该坚守的地方，就坚决放弃。这就是说，真正的军事家和政治家并不计较一城一地的得失和暂时的政治影响，只考虑长远的军事目的和政治目的。因此，坚守无法坚守的城池而战死，落得一个人城两亡的结局，不一定就对；不能坚守，不该坚守的地方，暂时放弃，选择有利于自己的地点和时机再战，再反攻，也并非是错（何桂清被解职后，也没有闲着，时时策划着反攻。他曾通过薛焕派人到苏州城内与投诚太平天国的团练首领徐少蘧等人取得联系，又拉拢隐藏在苏州城的原苏州官员苏福省、忠殿左、熊万荃等人密谋在李秀成调集各路大军进攻杭州，苏州空虚时，反攻苏州）。因此，何桂清主动放弃无法坚守的常州城，退守江苏的粮饷重地、城池坚固的苏州城，似乎并无大错。当然，何桂清弃常州城而走，动摇了军心，加速了常州城的被攻陷，也的确是事实。但常州城的迅速陷落，减轻了城内百姓的伤亡，也同样是事实（按一般规律抵抗越激烈，屠城越凶残）。然而，历史上没有几个人是真正的军事家和政治家，也没有几个像祁寯藻那样理解人才、爱惜人才，又肯仗义执言的人，多的是不能具体问题具体分析、只会认死理、只会指责别人、只会说冠冕堂皇之话的人。曾国藩虽然思想深邃、头脑清楚、见识深远，并不认死理，却又与何桂清有着深刻的矛盾，是一个早就想取何桂清而代之的政治敌手。因此何桂清被杀的悲剧是注定的了。历史真会捉弄人，尸位素餐、老于世故、得过且过的前任两江总督怡良，却能够颐养天年寿终正寝；奋发有为、敢作敢为、竭精殚虑的后继者何桂清却锒铛入狱死于非命。

近些年，即何桂清死后的近一百五十年，何桂清这个似乎已经被人们忘却的历史人物，又被一些人议论起来了，真可谓盖棺而论不定。有的人写文章肯定何桂清在江浙任督抚时的历史功绩。有的人写文章赞扬何桂清在“上海税则谈判”中维护了国家利益。也有人写文章认为，何桂清插手江南大营的军事，是江南大营第二次覆灭的原因之一。何桂清插手江南大营的军事，是江南大营第二次覆灭的原因之一说，我们绝对不敢苟同。我们认为：如果何桂清不插手江南大营的军事，江南大营被覆灭的时间还会大大提前，更不可能取得覆灭之前的一系列军事胜利了。探讨这个问题，得从江南大营第二次覆灭的原因说起。

江南大营第二次覆灭的原因很复杂，我们认为至少有以下六个主要原因：一、清廷在江浙等地设置的官僚机构和人事安排，与处于战争状态的特殊环境严重冲突，不利于与太平军作战；二、杨韦事变之后，太平天国已处于困守期，无力进行初期的北伐和东征，其军事行动的战略意图是消灭江南大营，解天京（金陵）之围，但上至咸丰皇帝，下至江浙的文武官员都不明白太平军的战略意图。江南大营分兵救援被太平军围攻的各地，致使大营空虚而被围歼；三、江浙的文武官员受“守土有责，城在人在，城亡人亡”的观念影响太深，因而缺少全局观念和灵活机动的战略战术，人人只知自保，不能团结一致共同对敌，从而被太平军集中优势兵力各个击破；四、和春军事才干平庸、治军无方，且刚愎自用、克扣军饷，造成江南大营兵少、军弱、饷缺，不堪一击；五、江浙地区文武不和，大营内部将帅不睦，不能同心协力一致对敌；六、江浙清军的对手是太平天国中能征善战的优秀将领李秀成，清军无论兵力和战略战术都处于劣势。以上六个原因有的还互有联系，下面对这六个原因略做剖析。

和平时期，官员的设置贵在分权，只有官员之间能够互相牵掣和制衡，才能互相监督、少犯错误、防止腐败。战争年代，官员的设置应该集权，只有政出一门，才能资源集中、统筹兼顾、统一指挥、上下齐心应对瞬息万变的敌情。而当时的清廷在江浙一带设置的最主要官员有管辖江苏、安徽、江西三省的两江总督，管辖江苏省的江苏巡抚，管辖浙江省的浙江巡抚、钦差大臣、江南大营统帅和春，钦差大臣、江北大营统帅琦善（继任者托明阿、德兴阿）。以上官员的设置，除任命钦差大臣以围剿太平军外，其余的官员设置全是和平时期的官员设置。而按当时成文或不成文的规定，钦差大臣只负责围剿太平军，不能管理地方的事务，总督、巡抚等人只能治理、防守自己的辖区以及给大营筹粮饷，不能过问大营的军事，即钦差大臣、江南大营统帅和春无权领导何桂清；两江总督、从一品高官何桂清也无权指挥和春（何桂清的继任者曾国藩，后来之所以能剿灭太军，原因之一是曾国藩既是两江总督，又是湘军的统帅，集军政大权于一身，统辖着苏、皖、赣、浙四省的军务）。因此处于战争状态下的江浙，其实没有一个既能管和春又能管何桂清等人的、集军政大权于一身的、有文韬武略的、名副其实的钦差大臣，处于群龙无首的多元领导。所幸何桂清能顾全大局，主动与大营将帅保持密切联系，并共同协商一致对敌，还千方百计地为江南大营筹粮、筹饷、募勇、购械，使江南大营粮饷充足、武器精良，兵勇达到了十二三万（由于和春吃空额，实际上只有五万多）。这样，才使问题众多、百病缠身的江南大营能支撑到咸丰十年（1860年）以前，并取得了一系列的军事胜利，不然江南大营早就被攻破了。

另外，江苏、浙江两省毗邻，唇齿相依，是同一个战区的战略要地，本该统一管理。而两江总督却不管浙江省，江浙两省的巡抚各自为政，不便于采取统一的军事行动共同对敌。再加上按清代的官制，总督在级别上虽大于巡抚等官，但巡抚并不归总督辖制；布政使、按察使两官虽为督、抚的属官，却不由督、抚任免，这就使得督、抚之间，甚至督抚和两使司之间相对独立，互不服从，虽然达到督、抚及属官互相监督、彼此钳制的目的，但也极易造成事权不一、管理混乱的局面。这样的官僚机构，如果说在和平时期是利大于弊的话，在战争年代就是弊大于利了。这种群龙无首的状态，对一致对敌是极为不利的。更可悲的是，江浙一带的官僚机构和政局本来已经很复杂、很混乱了，但原来很信任何桂清的咸丰皇帝见何桂清在江浙一带的威望越来越高，竟担心何桂清串通、收买江浙两省的巡抚，一人坐大而尾大不掉，便故意安插一些与曾国藩关系密切，与何桂清有矛盾的人担任江浙两省的巡抚以制衡何桂清。如咸丰八年（1858年），咸丰帝任命湖南保靖人、湘系人物、原甘肃布政使胡兴仁为浙江巡抚。胡兴仁看似颇有主见，也欲有所作为，但见识十分浅薄，不识大体，为人又浮躁固执。如胡兴仁在道光末年任川北道时，因得到总督的赏识重用，便趾高气扬，“颇作威福”，在正式公宴中，竟欲抢占首道座次，他的同僚则说他“忮刻”，是“倾险小人”。胡兴仁在浙江巡抚任上“以浙省为完善之区，颇事西湖游宴，喜以银管吸鹿血，属吏以生鹿馈之者无不受”，各项措施也多不惬人意。胡兴仁只知享乐，不知大敌当前应和江苏省搞好关系共同御敌也就罢了，他还处处掣肘何桂清，使何桂清联浙攻打太平军的许多计划落空。何桂清在给京城密友自娱山房主人的信中述说了胡兴仁的鄙险："浙省来一昏天黑地之人（指胡兴仁。引者注），使弟大受其累，雪轩（王有龄的号。引者注）亦怒不可言，小浦（原江西巡抚张芾的字。引者注）则将与拼命，不知将来如何是好？岂真浩劫使然？故特生此辈耶？而其居心之鄙险，尤为仅见，询之少鹤，可得其详。"（《何桂清等书札》）后来，胡兴仁因遭到许多人的弹劾，才被咸丰帝调走。但新到任的浙江巡抚罗遵殿曾长期在湖北做官，也是与何桂清有矛盾，与曾国藩关系密切的湘系人物。咸丰帝对与何桂清经常打交道的江苏巡抚的选派更让何桂清不满。咸丰九年（1859年），当何桂清想尽一切办法终于排挤走了与他不和的江苏巡抚赵德辙后，一再上疏推荐他的亲信王有龄继任江苏巡抚时，咸丰帝却派来了一个更难对付的前湖南布政使徐有壬为江苏巡抚。一年之后，就是这个心胸狭窄、嫉贤妒能的徐有壬，因对何桂清重用王有龄而不满，千方百计地想扳倒何桂清取而代之，他见何桂清离开常州，带着亲兵到苏州城下准备退守战略和粮饷的重地苏州时，坐镇苏州的徐有壬便"闭城不纳"，致使太平军攻陷苏州城。由于清廷在江浙等地设置的官僚机构和人事安排，使江浙官场钩心斗角、政出多门，处于各自为政、群龙无首的状态。处于如此状态下的江浙，怎能对付太平军集中优势兵力各个击破的战略呢？而后来的曾国藩之所以能打败太平军，原因之一是曾国藩是统辖四省军务的两江总督，又是湘军的统帅，他所统帅的湘军将领，是用同乡、同学、亲友、师生四种私人关系来团结、维系的。湘军中的各营采用的是谁招募的士兵服从谁的原则，各个军营独立，彼此不相统属，只听从曾国藩一人的指挥，不受其他任何人的节制。这种自上而下都是一元化的领导，有利于与太平军战作。

孙子兵法云："知己知彼，百战不殆。"而清廷上至咸丰皇帝，下至江浙的文武官员对太平天国后期军事行动的战略意图都不太了解。特别是咸丰皇帝被太平天国刚定都天京（金陵）后的北伐和东征吓怕了。太平天国的北伐是为了进军北京，消灭满清政权，其军队曾攻至距北京不远的天津附近，使咸丰帝惊慌失措；太平天国的东征是为了攻占整个江浙，"江浙为仓庾根本，京师性命所系"，攻占江浙既能断绝清军的财源，又能援助北伐军。而咸丰六年（1856年）九月，杨韦事变太平天国内讧后，太平天国已处于困守期，再也无力进行从前的北伐和东征了。李秀成为消灭长久围困天京的江南大营，解除天京之围，于咸丰十年（1860年）初，想出了一个进攻杭州等地的"围魏救赵"之计。咸丰帝和江浙的文武官员，不知道李秀成的战略意图，对丢失城池过度敏感和恐慌。江南大营的统帅和春在咸丰帝的催促下，四处救援被太平军攻打的杭州等城镇，致使江南大营兵少而空虚，被李秀成的五路大军围歼。如果咸丰帝和江南大营的统帅和春明白李秀成的战略意图，对被太平军围攻的城镇除战略要地之外，一律不发兵救援，并明确指示镇守各城镇的官员能坚守的就尽力坚守，无法坚守的城镇一律放弃，撤离城镇的军队都向金陵城外的江南大营靠拢，然后合兵全力进攻金陵，那么李秀成的“围魏救赵”之计必然失败，金陵被清军攻克也是可能的。金陵若被攻克，太平军的军心必然大乱，清军再反攻其他丢失的城镇就可谓易如反掌了。而江南大营在兵力本来就很单薄的情况下，不知调集各地的军队充实大营，反而对要求救援的城镇有求必应，四处派军队救援，被太平军围歼的命运就是必然的了。湘军后来打败太平军，其成功当然有许多原因，但坚持集中使用兵力，随时保持优势的兵力，就是其中之一。曾国藩一向反对分兵应敌，并说：“用兵之争关，有所选择，不能不有弃”，“肢体虽大，针灸不过数穴；疆土虽广，力争不过数处”（曾国藩《曾文正公全集·书札》卷十六）。

作为一名地方官，保卫辖区肯定是他应尽的职责。但“城在人在，城亡人亡”只能是特殊情况下的特殊要求，即当以局部的牺牲能避免更大的牺牲时，或当以局部的牺牲能换取全局的胜利时，不能作为一条必须遵守的规定。如果每个地方官或守将都坚持“城在人在，城亡人亡”的理念，必然会做无谓的牺牲，其结果是对自己无利，对敌人有利。如苏州被太平军攻陷，江苏巡抚徐有壬跳水自尽。杭州先后两次被太平军攻陷，前后两个浙江巡抚罗遵殿和王有龄先后自杀，清廷可谓损失惨重。而城亡人在，还有夺回该城的力量和资本，因此有头脑的地方官或守将都会放弃不能坚守的城池或军营，保存实力退守到能够坚守的战略要地与敌人继续对抗，历史上这样的例子不胜枚举。如江南大营第一任统帅向荣，当太平军对江南大营合围时，向荣便认为江南大营无法坚守，趁夜色掩护下迅速率兵退守战略要地丹阳。从而既避免被太平军围歼的厄运，又坚守住了丹阳，确保了常州、苏州的安全；何桂清从常州撤退，退守更重要的苏州，其实也是明智之举。

另外，由于江浙的官员只知“守土有责，城在人在，城亡人亡”，便没有顾全大局的思想，人人只知自保，不能团结一致共同对敌，这就有利于太平军各个击破。在敌强我弱，据点分散，兵力单薄的情况下，如果江浙的官员能主动放弃一些城镇和据点将军队迅速结集，抱成一团，合力抗敌以确保少数战略地位和经济地位都更重要的城镇和据点，其损失就会小得多。处处都要防守，其结果必然是一处也不能守。

钦差大臣、江南大营的统帅，肩负着重大的责任，清廷本应该挑选一位德才皆备，有文韬武略的人来担任。但咸丰皇帝出于对汉人的戒备心理，任命京城正黄旗人和春来挑这副重担。和春是一个既无过人的才干，又无高尚人品的平庸之辈，他早年虽有一些军功，但荣升钦差大臣、江南大营的统帅后，满洲贵族的骄气等许多早年潜而未显的因素，便逐渐恶性膨胀起来了。他越来越刚愎自用，动辄声色俱厉，对职务仅次于他的帮办也十分粗暴。他的军事才干和人品与他的前任向荣相比，差之甚远，甚至不如他的副手张国梁。更令人不齿的是，和春为了中饱私囊，争权夺势，竟重用声名狼藉的王浚。王浚把持大营的军务，侵吞军饷、排挤异己，致使大营兵少、饷缺、军弱，不堪一击。在咸丰十年（1860年）四五月间军情十分危急的情况下，王浚竟藏下三十多万两军饷不发，散布军饷不足的谎言，并实行四十五天发一个月的军饷。后来甚至扬言："不破城，不发饷。"大营内的兵勇因痛恨和春和王浚，普遍产生了这样的念头：太平军若来进攻，我们不出力抵抗，看大帅与翼长（指王浚）如何退敌？咸丰十年（1860年）五月五日（农历闰三月），五路太平军以及城内的太平军对天京城外的江南大营发动了总攻击，此时的和春正躺在床上悠闲地吸着鸦片烟。大营的大部分兵勇逃的逃，躲的躲，果然不肯与太平军交战，只有张国梁统领的兵勇在他的感召下，忍饥受寒，坚守不退，与太平军激战七昼夜之久，直到闰三月十六日王浚的部下首先溃散，接着和春的部下也全部溃散，张国梁才亲自殿后将自己的军队撤退到丹阳，与和春、王浚共同防守丹阳。陈玉成的部将刘玱琳按陈玉成的吩咐行军，他不攻打正面的镇江，而是由句容向南先取珥村。珥村在金坛之北、丹阳之南，相距各四十里，是镇江与常州往来间道的中心，亦为北面丹阳，南面金坛，东面常州这个三角形地带的中心，夺取其地可以进而截断常州与丹阳的通路。何桂清为保丹阳与常州之间的战略通道并救援丹阳，派马德昭往西北方面的奔牛镇迎敌，而太平军则化装成清军，直接奔向北边的吕城（三国时东吴大将吕蒙所筑的城）。吕城东距奔牛镇十八里，太平军便隔断了常州通往丹阳的大道。至此，丹阳水陆两道都被太平军隔断了，丹阳陷入了孤立无援的绝境。而就在道路还未全被隔断的紧要关头，何桂清已派军队押送来了一批救急饷银。可克扣军饷成性的王浚依然如故，每名士兵仅发给饷银二两，而且还称之为“借给”。和春与王浚手下的兵勇早就对他们不满了，见他们在如此危急的关头仍不知改悔，便大吵大闹起来。此时，就连军纪较好的张国梁统率的兵勇也吵闹了起来，败退到丹阳的全部兵勇表示：“如果不发饷银，不更换掉翼长王浚，决不接仗。”而和春仍然执迷不悟，拒不发放饷银，也不处置王浚。

第二天，两军正式交战了，刘玱琳的军队首先向清军开火，他们一排枪一排枪地不断打向清军，清军真的“不接仗”，两军相持了一个多时辰，和春部下熊天喜的马步军在丹阳西南的白土镇溃败四散，熊天喜见大势已去，自杀身亡。而就在此时，李秀成已亲率十多万大军逼近丹阳。李秀成震于张国梁的威名，不敢造次，他步步为营地向丹阳城下逼近。张国梁大开丹阳南门迎敌，太平军曾多次被张国梁打败过，看见迎风飘扬的“张”字帅旗，便立即退走。张国梁因兵马太少，也不敢追击，趁这短暂的空隙，张国梁赶忙收容散兵游勇，编组成军，以便再战。而收容到的散兵游勇，却无营帐可安置，就连煮饭用的铁锅也不够使用，其他生活用品更是短缺。到闰三月二十九日，和春部下的人马不战自溃，屯兵观望的太平军立刻向丹阳城的西门涌入，城内一片混乱，统帅和春早已不知去向。只有张国梁带领着亲兵往来奔杀，却无法杀出重围。而改扮成清军的太平军乘机混入清军的溃卒中，朝着张国梁乱砍乱杀。张国梁身受数处重伤，力竭时居然还杀死了数名太平军，最后跃马跳入丹阳南门尹公桥下而死。

和春带领着一些残兵败将逃到常州，何桂清得知唯一可以依靠的勇将张国梁已死，知道常州已无法坚守，在江苏布政使薛焕、总理粮台查文经等人的一再劝说下，便将常州交付给和春，以自己必须前往苏州“力筹防剿，以图根本”的理由离开了常州。

何桂清离开常州不久，常州就被太平军攻陷了。逃到无锡浒墅关的和春，悔恨交集，吞鸦片自杀。不久，苏州、无锡、昆山、太仓、嘉定、青浦、松江等重镇都被太平军攻破。太平军还未攻破江南大营之前，和春的谋士就认为江南大营在李秀成五路大军的围攻下，一定无法坚守。一再劝告和春保存实力趁早退守镇江、丹阳，以确保常州、苏州。和春不听从劝告，以致有此惨败。当时，和春的江南大营至少有三万多兵勇，若能在被击溃之前效仿他的前任向荣退守战略要地丹阳，结局也许不至于如此。

常言道："弟兄不和邻里欺，将相不和邻国欺。"江浙战区文武不和，大营内部将帅不睦也是江南大营覆灭的原因之一，其责任主要应由和春负，部分应该咸丰帝负。何桂清深知：要想抵御太平军的进犯和剿灭太平军，必须是地方督抚与大营将帅精诚团结、互相支持。于是何桂清千方百计为江南大营筹粮、筹饷、募勇、购械，并主动与和春、张国梁等人培养感情、搞好关系。和春在一般情况下也懂得他与何桂清应该精诚团结这个道理。因此何桂清与和春共事之初，彼此都有"知己之感"，遇事颇能"披露肝胆"，和春奏报战绩必疏陈何桂清筹饷之功，何桂清则多次向咸丰帝表示，他与和春办各事，皆"意见相同"。但两人共事日久，和春身上的致命弱点贪鄙、嗜权就逐渐显露了出来。

和春的贪鄙主要表现在把持大营的粮台，贪污、克扣军饷。按照以往的惯例，何桂清筹措到的军饷要交到和春把持的粮台，而军饷一交到粮台，何桂清就无权过问军饷在大营的发放和分配了。这就给和春贪污、克扣军饷以及吃空额开了方便之门。和春则利用管粮台的杨能格以及掌管营务的亲信王浚大肆贪污、克扣军饷，大吃空额，致使本来充足的军饷，实际上不充足；名义上有十二三万兵勇的大营，实际上只有五万多，严重地影响到大营的士气和战斗力。何桂清为革除这一弊病，从而增强大营的战斗力和充实大营的兵力，曾令杨能格就其军饷开销情况

“开册呈报”，但杨能格仗着有钦差大臣和春撑腰，居然回答“抚不遵办！”何桂清见杨能格如此专横，便上奏咸丰帝，说杨能格开支冒滥，不知撙节，请求将其与办理江北粮台的文煜对调。咸丰八年（1858年）二月，文煜对调到江南大营的粮台后，就秉承何桂清的旨意，“遵照督臣定章，粮台驻扎常州，一切收放事宜，就近禀商督臣办理”。文煜还大力整顿杨能格的粮饷发放办法，主张今后应“各归各月支领薪饷，以清界限”，“官领盐折照例支发”，不得溢支。至于兵勇粮饷浮支，朝廷根据何桂清、和春的意见，为维系军心起见，指示“不必遽加核减”。文煜对粮台的整顿，严重侵犯了和春的利益，使和春不便继续侵吞军饷。和春对何桂清、文煜十分痛恨，便制造事端“专与粮台为难”。他唆使各营对新章“观望不遵”，又怂恿兵勇张世瑚等聚众哄闹粮台，“殴辱委员”。接着和春便上奏朝廷，把兵勇闹事的责任全部推在粮台身上。又说，以前所行办法，“军中奉行已久，断难骤改，而必欲遽改旧章，势必激成事端”。而此时，江南大营正全力进围金陵，和春抓住了咸丰帝希望尽快收复金陵的心理，又补充奏道：“军营与粮台同办一事，必须和衷方能有济”，现在文煜“办事拘泥”，军中众议沸腾，有碍军务，望撤换文煜。咸丰帝最担心闹下去“于军中有碍”，便令文煜赴京另候简用，由何桂清择员接办粮台，顾全大局的何桂清，不愿再插手粮台与和春继续闹下去，影响到大局，明确地向咸丰帝表示自己不派人接办粮台，由朝廷委派。由于咸丰帝听信和春的蛊惑而偏袒和春，何桂清整顿粮台的举措不但落了空，还与和春结下了怨。何桂清只好向咸丰帝诉苦：文煜对粮饷“于体恤之中，仍示以限制，理当如此”，“毫无错处”；“臣与和春议论军情无不和衷共济，独于粮台一事，不敢同流合污”。

和春的嗜权，主要表现在担心大权旁落，嫉贤妒能排挤张国梁。张国梁乃前任钦差大臣、江南大营统帅向荣的心腹部将，素以凶悍敢战闻名。向荣统军时，一切战争事宜皆由张国梁主之。江南大营第一次被攻破，向荣、张国梁退守丹阳后，清廷就令张国梁帮办大营军务。和春出任钦差大臣、江南大营统帅后，“小视张国梁出身草泽”，又深忌张国梁“威名出己上”，且与何桂清关系密切。便“相见盛气以待”，“以挫张之气焰”，和张两人由此互相猜忌，“积不相能”。张国梁其实也看不起和春，由于从大局着想以及何桂清的一再劝告，才没有与和春闹翻。咸丰七年（1857年）十二月，张国梁统军攻陷镇江，何桂清亲至大营，要和春当面答应“以后一切调度，全付与殿臣”（殿臣乃张国梁的字。引者注），“听其自为”。和春表面上答应，实际上嗜权如命的和春不但不放权，更加忌恨和打压张国梁。他重用亲信王浚以抗衡张国梁。“凡军中一切要事，悉由翼长（指王浚。引者注）主持，开单分送，和帅无不照行，是翼长一人独揽重权”。张国梁统军驻扎前线，“与和春营隔数十里，事皆由王浚传达，其权益重，营务皆为把持”。和春还拉拢与张国梁不和的另外一个帮办军务大臣许乃钊，通过许乃钊引进私党，从而结成同盟共同抗衡张国梁。这样，张国梁虽然名义上总统诸军，而调兵、募勇、发饷等实权皆归和春、王浚掌握。何桂清与和春之间的矛盾，由于何桂清的隐忍和顾全大局，仅限于小范围的暗斗，没对江浙的局势产生太大的不良影响。而和春与张国梁之间的矛盾，则产生了对全局十分有害的明争，致使张国梁的军事才干无法在大营充分施展。倘若咸丰帝不猜忌汉人，调走和春，起用张国梁为大营统帅，再委任两江总督何桂清为钦差大臣统管江浙的军政，江南大营也许不会被太平军彻底摧毁。

清军的八旗、绿营兵与太平军是两支统率方式、组织机构、作战风格、士气高低完全不同的军队。清军实行的是“世兵制”，而世兵制早已在承平日久的纸醉金迷、声色犬马的销蚀中只剩下了一个空壳。“兵将分离”的“客兵制”又加剧了军队作战中的混乱与低能状况。清军作战墨守成规，官兵贪生怕死（只要保住性命，便能保住丰厚的待遇）。而太平军实行的是“政教合一”“军教合一”的“军事共产主义”。清军的组织结构等不利于作战，太平军的组织机构等最利于作战。

向荣时期江南大营的军事对手主要是太平军中的

秦日纲。秦日纲的军事才干并不突出，他作战主要凭勇气，善于攻坚而不善于用谋。而和春、何桂清的对手却是太平军中有勇有谋，能征惯战的著名将领李秀成。李秀成对清军不执意攻坚，善用穿插敌后的战术，他先率军奔袭杭州，以分大营之兵，后又攻溧水、溧阳、句容等县，以及战略要地淳化、秣陵关以阻止清军从东南方向派出救兵救援江南大营，在对大营完成合围之后，才发起总攻击。

江南大营之所以覆灭，除以上六个主要原因外，还有一些次要原因。如江南大营第一次被攻破之后，大营中敢战、能战的将领邓绍良、杨瑞乾、李鸿勋、戴文英、周兆熊、李定泰、虎坤元、周天培等，大多或死或伤或他调，向荣时期能征惯战的两广勇营军早已名存实亡。从前的金坛之战，两广勇营全听张国梁指挥，同心协力，战斗力极强。如今的张国梁，已没有嫡系部队可指挥，他昔日手下的两个大头目李日升、李连升早已战死，后来提拔的勇将程翔蛟也在几年前战死，因此在丹阳被围的张国梁几乎成了孤家寡人，在身受数处重伤之后，只好跳入丹阳南门的尹公桥下而死。

我们认为：江南大营在取得一系列军事胜利之后，之所以形势突然逆转并导致被覆灭，若追究个人的责任，第一个是咸丰皇帝，是他设置的官僚机构和人事安排，不利于与太平军作战；第二个是江南大营的统帅和春，身为统帅的和春没有洞悉李秀成“围魏救赵”的战略意图，在大营兵力单薄的情况下，还发兵四处救援；第三个是和春的帮凶王浚，是王浚助纣为虐，帮助和春侵吞了大营的军饷，排挤了能征善战的张国梁。

参考书目

《何桂清等书札》江苏人民出版社1981年版。

《筹办夷务始末》（咸丰朝）中华书局2014年版。

龙盛运：《向荣时期江南大营研究》，社会科学文献出版社出版。

田杰鸿、张佐：《云南科举史话》（上下册），云南美术出版社2013年版。

薛福成：《书两江总督何桂清之狱》，《庸庵全集·海外文编》卷四。

中国史学会主编：《第二次鸦片战争》（第三册），上海人民出版社1978年版。

赵尔巽：《清史稿》，中华书局1977年版。

薛福成：《薛福成选集》，上海人民出版社1987年版。

黎庶昌：《曾国藩年谱》，岳麓书社1986年版。

蒋廷黻：《中国近代史》，上海古籍出版社2004年版。

张云、韩洪泉：《把曾国藩彻底说清楚》，重庆出版社2011年版。